今日から話せる韓国語

CD付

오늘부터 말할 수 있는 한국어

MEMOランダム 編

三修社

はじめに

韓国語は日本語とほとんど似た語順ですから、語尾の表現で肯定文なのか、疑問文なのかが決まります。

本書は韓国旅行や韓国の日常場面でよく使われる「～がほしい」とか「～したい」といった相手に伝えたい気持ちの語尾の表現を10パターンに厳選し、効果的な学習ができるように構成しました。

PART1では、最初に知っておきたい韓国語の基本知識について解説しています。PART2では、あいさつや日常表現を紹介しています。基本のあいさつ表現は、本書の付属のCDを繰り返し聞いて、しっかり覚えるようにしましょう。PART3では10パターンそれぞれについて図解解説をするとともに、差し替え例文でそのパターンの使い方になれることができるように工夫しています。PART4では、10パターン表現を中心に、韓国旅行や日常会話場面でのフレーズを豊富に紹介しています。実践編として役立つ例文ばかりですから、楽しみながら学習してください。

本書では、韓国語に入門者の方のために読み方のカタカナルビをつけました。このルビはあくまでも発音のヒントですから、付属のCDを繰り返し聴いてマスターしましょう。

本書の10パターンで、あなたも今日から韓国語を話してみませんか。

MEMOランダム

CONTENTS

PART3 「言いたい・尋ねたい」ことは 10パターンで話せる！

PART4　10パターン中心で話せる韓国語旅行会話

PART5　覚えておきたい基本の単語

【コラム】

PART 1

これだけは覚えよう韓国語の基本

■韓国語の基本

◆韓国語の語順は日本語とほとんど同じ

韓国語はほとんど日本語と同じ語順で文を作りますから、とても親しみのわく言葉です。

日本語と韓国語の語順に注意して読んでみましょう。

〈1〉 8時に　　　ホテルのロビーで、　どうですか？

↓　　　↓　　　↓

여덟 시에 호텔 로비에서 , 어때요 ?

ヨドルシエ　　ホテルロビーエソ　　オッテヨ

〈2〉 エスカレーターを　降りて　まっすぐ　行ってください。

↓　　↓　　↓　　↓

에스컬레이터를 내려서 곧장 가세요 .

エスコルレイトルル　ネリョソ　コッチャン　カセヨ

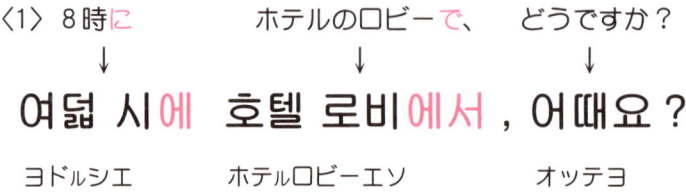

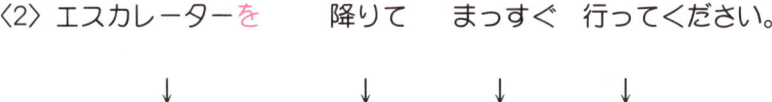

◆韓国語の「て・に・を・は」は日本語に似ている

〈1〉の日本文の「8時に」の「に」や「ロビーで」の「で」や、〈2〉「エスカレーターを」の「を」は、単語をつなぎ合わせる助詞ですが、韓国語にも助詞があるのです。

여덟 시에の「에」や、로비에서 の「에서」や「에스컬레이터를」の「를」がそれぞれ日本語の助詞の「に」、「で」と「を」に対応しています。

◆韓国語には漢字語がいっぱいある

韓国語に日本語にとても似た言葉があるのは、どちらも中国から伝わった漢字を使ってきたからなんです。

日本の漢字は音読み・訓読みなどがありますが、韓国の漢字は読み方はほとんど1つですから、とても覚えやすいですね。とくに名詞の70%近くは漢字語だとも言われています。

◆ 地図　지도 ［チド］
◆ 計算　계산 ［ケサン］
◆ 無理　무리 ［ムリ］
◆ 市民　시민 ［シミン］
◆ 都市　도시 ［トシ］
◆ 時間　시간 ［シガン］
◆ 地理　지리 ［チリ］
◆ 算数　산수 ［サンス］
◆ 道路　도로 ［トロ］
◆ 新聞　신문 ［シンムン］

◆韓国語の文字のハングルはローマ字に似ている

ハングルは 15 世紀中ごろに、「自分たちの言葉の音を正確に書き表すように作られた」ものですから、「発音記号の組み合わせがそのまま文字になった」と考えればいいわけです。

ローマ字で「か」という音を表すには、アルファベットの k と a を組み合わせて ka と書きます。韓国語も ㄱ と ㅏ というハングルのアルファベットを 가 と組み合わせて「か」という音を表します。

「かな」	か
「ローマ字」	k ＋ a ＝ ka
「ハングル」	ㄱ ＋ ㅏ ＝ 가

例のように ㄱ ＝ k, ㅏ ＝ a と置き換えて覚えればスッキリします。そして、ハングルは字が母音と子音から成り立っていることがわかりますね。

「都市」のことを韓国語でも［トシ］と言い、ローマ字では tosi で、韓国語の文字で書くと次のようになります。

都　　　市

to = 도　si = 시

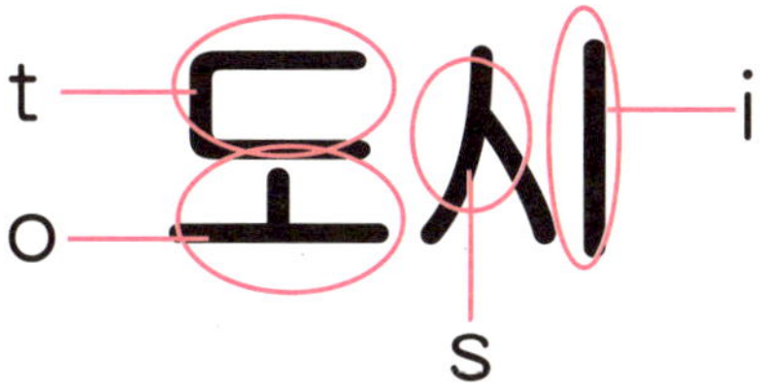

◆発音のポイント

ご存じの「キムチ」を韓国語の文字で書くと 김치 となります。김 は ki ＋ m で一文字ですから、ローマ字表記にはない組み合わせですね。

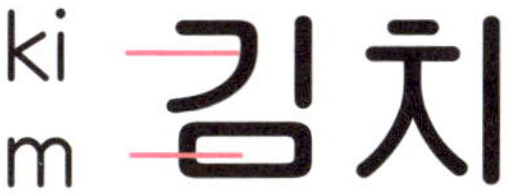

このような組み合せの文字は、「キム」と一息で発音します。このときの「ム」は mu ではなく、口を閉じたままで、息を軽く鼻から出す m「ム」となります。

本書で、「パッチムがある」という表現は、この組合せの文字のことだと理解してください。

「家」という意味の 집、この「チプ」も「チプ」と一息で発音します。

집

ㅂはこの位置にくると，［p］の音で、上下の唇を閉じたまま、破裂させないでしっかりととめます。

ですから、外には音が聞こえません。

本書の本文中の発音の読みがなルビは、上記の他に「ル」と「ク」も次のように発音するのがポイントです。

（例）「もちろん」

물《ムル》론《ロン》

●「ル」は口を開いたままで、舌先を上あごに軽くつけて発音します。

（例）「やっぱり」

역《ヨク》시《シ》

●「ク」は ku と発音するのではなく、k の子音だけで止めるようにします。実際には音はほとんど聞こえません。

PART 2

すぐ覚えられる
あいさつと
基本表現

初対面のあいさつ・日常のあいさつ

CD 2

◇ こんにちは。(「おはようございます」/「こんばんは」)

안녕하세요《アンニョンハセヨ》 .

◇ はじめまして。

처음《チョウㇺ》 뵙겠습니다《ペプケッスㇺニダ》 .

◇ 私は［松田玲莉］と申します。

저는《チョヌン》 [마츠다《マッダ》 레이리《レイリ》] 입니다《イㇺニダ》 .

◇ 日本から観光で来ています。

일본에서《イㇽボネソ》 관광으로《クァングァンウロ》 왔습니다《ワッスㇺニダ》 .

◇ お会いできてうれしいです。

만나서《マンナソ》 반갑습니다《パンガプスㇺニダ》 .

◇ よろしくお願いします。

잘《チャㇽ》 부탁합니다《プタカㇺニダ》 .

日常のあいさつ

◆ こちらこそ。

저야말로 .

チョヤマルロ

◆ ようこそいらっしゃいました。

잘 오셨습니다 . (잘 오셨어요 .)

チャル　オショッスムニダ　　　　チャル　オショッソヨ

◆ さようなら。〈立ち去る人に〉

안녕히 가세요 .

アンニョンヒ　カセヨ

◆ さようなら。〈残る人に対して〉

안녕히 계세요 .

アンニョンヒ　ケセヨ

◆ おやすみなさい。

안녕히 주무세요 .

アンニョンヒ　チュムセヨ

◆ また、お会いしましょう。

또 만나요 .

ト　　マンナヨ

日常のあいさつ

CD 4

◆ 楽しかったです。

즐거웠어요 .

チュルゴウォッソヨ

◆ ご苦労さまでした。

수고하세요 .

スゴハセヨ

◆ おいしかったです。

맛있게 먹었어요 .

マシッケ　モゴッソヨ

◆ いただきます。

잘 먹겠어요 .

チャル　モクケッソヨ

◆ ごちそうさまでした。

잘 먹었어요 .

チャル　モゴッソヨ

◆ お元気で。

건강하세요 .

コンガンハセヨ

おれやおわびするとき

CD 5

◇ ありがとうございます。

감사합니다 .

カムサハムニダ

◇ どういたしまして。

천만에요 .

チョンマネヨ

◇ ごめんなさい。（謝るとき）

미안합니다 .

ミアナムニダ

◇ ほんとうにごめんなさい。

정말 미안해요 .

チョンマル　ミアネヨ

◇ 遅れてすいません。

늦어서 미안해요 .

ヌジョソ　ミアネヨ

◇ 気になさらないで。

신경 쓰지 마세요 .

シンギョン スジ　マセヨ

おわびへの応対、励ましなど

CD 6

◇ 大丈夫です。

괜찮아요 .

ケンチャナヨ

◇ 心配しないで。

걱정하지 마세요 .

コㇰチョンハジ　マセヨ

◇ おめでとう！

축하해요 !

チュッカヘヨ

◇ がんばって。

힘내 .

ヒㇺネ

意思表示の言い方

CD 7

◇ はい。

네 .

ネ

◇ いいえ。

아뇨 . (아니오 .)

アニョ　　アニオ

◇ はい、そうです。

네 , 그렇습니다 .

ネ　　クロッスムニダ

◇ いいえ、ちがいます。

아뇨 , 아닙니다 .

アニョ　　アニムニダ

◇ もちろんです。

그럼요 .

クロムヨ

◇ 同感です。

동감이에요 .

トンカミエヨ

意思表示の言い方

CD 8

- いいです。

좋아요 .

チョアヨ

- だめです。

안돼요 .

アンデヨ

- わかりました。

알겠습니다 .

アルゲッスムニダ

- よくわかりません。

잘 모르겠습니다 .

チャル　モルゲッスムニダ

- けっこうです。（いりません）

됐어요 .

テッソヨ

- 嫌いです。（いやです）

싫어요 .

シロヨ

あいづち・つなぎ言葉

◆ もちろん

물론

ムルロン

◆ ホント？

정말？

チョンマル

◆ まさか！

설마！

ソルマ

◆ たぶん

아마

アマ

◆ その通り

맞다

マッタ

◆ あら／まあ！

아이고！

アイゴ

◆ やっぱり

역시

ヨクシ

◆ なるほど

과연

クァヨン

◆ そして

그리고

クリゴ

◆ つまり

즉

チュク

こ・そ・あ・ど（指示代名詞）

この
이
イ

その
그
ク

あの
저
チョ

どの
어느
オヌ

ここ
여기
ヨギ

そこ
거기
コギ

あそこ
저기
チョギ

どこ
어디
オディ

これ
이것
イゴッ

それ
그것
クゴッ

あれ
저것
チョゴッ

どれ
어느 것
オヌ ゴッ

こちら
이쪽
イチョク

そちら
그쪽
クチョク

あちら
저쪽
チョチョム

どちら
어느 쪽
オヌ チョク

PART 3

「言いたい・尋ねたい」ことは10パターンで話せる！

◆「〜です」

名詞 ＋ 이에요《イエヨ》 / 에요《エヨ》 .

◉「…は〜です」と言いたいとき

「私は会社員です」「名物です」というように、「… は〜です」と言いたいときは、「名詞＋イエヨ / エヨ」のパターンで表現します。

【例】「おみやげです」と韓国語で言ってみましょう！

[名詞] ＋ 이에요 .

↓　　↓

「おみやげ」＋「です」

⇩　　⇩

선물《ソンムル》 ＋ 이에요《イエヨ》 .

◇名詞 ＋ 이에요 . [イエヨ]（名詞の最後にパッチムがある）

◇名詞 ＋ 에요 . [エヨ]（名詞の最後にパッチムがない）

関連事項

◆「〜エヨ？」と語尾を上げると疑問形（「〜 ＋ ですか？」）になります。

「おみやげですか？」　선물이에요《ソンムリエヨ》？

差し換え練習でパターンをマスターしましょう！

◆ 私は会社員です。

저는《チョヌン》 회사원이에요《フェサウォニエヨ》.

◆ 28 歳です。

스물여덟《スムルヨドル》 살《サル》 이에요《イエヨ》.

◆ 3 人です。

세《セ》 사람《サラム》 이에요《イエヨ》.

◆ 観光です。

관광이에요《クァングァンイエヨ》.

◆ 名物ですか？

명물이에요《ミョンムリエヨ》？

◆ 1 週間ですか？

일주일이에요《イルチュイリエヨ》？

CD 11

パターン 2

◆「～します」

動詞 ＋ 어요《オヨ》 / 아요《アヨ》 .

◉「～します」と言いたいとき

「行きます」「食べます」というように、「～します」と言いたいときは、「動詞＋オヨ / アヨ」のパターンで表現します。

「かっこいいです」のように「形容詞＋です」と表現するときにも、「形容詞＋オヨ / アヨ」のパターンが使えます。

【例】「読みます」と韓国語で言ってみましょう！

動詞 ＋ 어요 / 아요 .

↓ ↓

「読み」 ＋ 「ます」

⇩ ⇩

읽《イル》 ＋ 어요《オヨ》 .

（イルゴヨと発音）

◇動詞の語幹 ＋어요［オヨ］（語幹動詞がㅏ、ㅗのとき）

◇動詞の語幹 ＋아요［アヨ］（語幹動詞が上記以外のとき）

関連事項

◆「～しません」と否定表現をするときのパターン。

「食べません」　안 먹어요 . [アン モゴヨ]

「歩きません」　안 걸어요 . [アン ゴロヨ]

差し換え練習でパターンをマスターしましょう！

◆料理を食べます。　요리를《ニョリルル》 먹어요《モゴヨ》 .

◆ここで買えます。　여기서《ヨギソ》 사요《サヨ》 .

◆東大門へ行きます。　동대문에《トンデムネ》 가요《カヨ》 .

◆ここで食べます。　여기서《ヨギソ》 먹어요《モゴヨ》 .

◆好きです。　좋아요《チョアヨ》 .

◆おいしいです。　맛있어요《マシッソヨ》 .

CD 12

パターン 3

◆「〜をください」

ほしいもの［名詞］＋ 주세요《チュセヨ》.

◉「〜をください」と言うとき

「〜がほしい」と自分のほしいものや、買物で「〜をください」と言うときにこの表現を使います。どんな場面でも使えるとても便利な言い方です。

【例】「焼肉をください」を韓国語で言ってみましょう。

「ほしいもの」 ＋ 주세요 .

↓ ↓

「焼肉」 ＋ 「ください」

⇩ ⇩

불고기《プルゴギ》 ＋ 주세요《チュセヨ》 .

◆「焼肉を」のように「〜を」をつけた文にするには、次のようにします。

パッチムのある名詞は 을　「名詞」＋ 을 주세요 .

パッチムのない名詞は 를　「名詞」＋ 를 주세요 .

関連事項

◆「名詞＋チュセヨ」で話せるようにするのが先決。

「キムチ（を）ください」を、［キㇺチルㇽ チュセヨ］と言わなくても、［キㇺチ チュセヨ］でも十分に伝えられます。

差し換え練習でパターンをマスターしましょう！

◆水を一杯ください。

물 한잔 주세요 .

ムㇽ　ハンジャン　チュセヨ

◆キムチをください。

김치 주세요 .

キㇺチ　チュセヨ

◆これをください。

이거 주세요 .

イゴ　チュセヨ

◆あれをください。

저거 주세요 .

チョゴ　チュセヨ

◆ 領収書をください。

영수증 주세요 .

ヨンスジュン　チュセヨ

◆ トッポギをください。

떡볶이 주세요 .

トッポキ　チュセヨ

◆「～してください」

してほしいこと［動詞］ ＋ 주세요《チュセヨ》.

◉「～してください」と言いたいとき

「タクシーを呼んでください」「メニューを見せてください」と「私に～してください」と相手にていねいに頼むときに使うパターンです。

【例】「書いてください」と韓国語で言ってみましょう！

動詞	＋	주세요 .
↓		↓
「書いて」	＋	「ください」
⇩		⇩
적어《チョゴ》	＋	주세요《チュセヨ》 .

◆「～してもらえますか」と聞く時（疑問形にするには？）

「安くしてもらえますか」　싸게《サゲ》 해《ヘ》 주세요《チュセヨ》？

◆「チュセヨ？」と語尾を上げると疑問形（「～してもらえますか？」）になります。

関連事項

「～する」の意味の 하다 の語尾変化した ～해「～へ」と주세요「チュセヨ」が組み合わされた形が ～해＋주세요．[～へ+チュセヨ] です。

差し換え練習でパターンをマスターしましょう！

◆ 教えてください。 가르쳐 주세요．
カルチョ チュセヨ

◆ 早くしてください。 빨리 해 주세요．
パルリ ヘ チュセヨ

◆ 交換してください。 교환해 주세요．
キョファネ チュセヨ

◆ 見せてください。 보여 주세요．
ポヨ チュセヨ

◆ まけてください。 깎아 주세요．
カッカ チュセヨ

◆来てください。 와 주세요．
ワ チュセヨ

◆「～をお願いします」

お願いしたいこと + 부탁해요《プタッケヨ》.

◉「～をお願いします」と言いたいとき

「予約をお願いします」「クリーニングをお願いします」と人に何かをお願いするときに使うパターンが「頼みたいこと＋プタッケヨ」です。頼みたいことの後に「プタッケヨ」をつけて言います。

【例】「チェックインをお願いします」と韓国語で言ってみましょう！

お願いしたいこと + 부탁해요.

↓ ↓

「チェックインを」 + 「お願いします」

⇩ ⇩

체크인을《チェクインウル》 + 부탁해요《プタッケヨ》.

◆「～をお願いします」とお願いされたときの答え方

「わかりました」 알겠습니다《アルゲッスムニダ》.

関連事項

● 「～をお願いします」の他の言い方

名詞 ＋ プタッカムニダ

~ 를 [을] ＋ [부탁합니다]

差し換え練習でパターンをマスターしましょう！

◆ 禁煙席をお願いします。

금연석을 부탁해요 .

クミョンソグル プタッケヨ

◆ 窓側の席をお願いします。

창가로 자리를 부탁해요 .

チャンカロ チャリルル プタッケヨ

◆ チキンサラダをお願いします。

치킨샐러드 부탁해요 .

チキンセルロド プタッケヨ

◆ 電話番号をお願いします。

전화번호 부탁해요 .

チョナポノ プタッケヨ

◆ 市内地図をお願いします。

시내지도 부탁해요 .

シネチド プタッケヨ

◆ルームサービスをお願いします。

룸서비스 부탁해요 .

ルムソッビス プタッケヨ

パターン 6

◆「～したいです」

したいこと ［動詞고《ゴ》］ ＋ 싶어요《シッポヨ》.

◉「～したいです」と言いたいとき

「食べたい」「見たい」というように「～したいです」と希望や願望を言いたいときに使うパターンが「したいこと＋ゴ シッポヨ」です。

動詞の後に「～ゴ シッポヨ」をつけて表現します。

【例】「会いたいです」と韓国語で言ってみましょう。

したいこと ＋ 싶어요 .

↓ ↓

「会うこと」 ＋ 「～したいです」

⇩ ⇩

만나고《マンナゴ》 ＋ 싶어요《シッポヨ》 .

◆「～したいですか？」は、次のようにと語尾を上げて言います。

～고 싶으세요？ 「～ゴ シプセヨ」

「行きたいですか？」 가고《カゴ》 싶으세요《シプセヨ》？

関連事項

●「～したいのですが」の他の言い方に「～シップンデヨ」の表現があります。

動詞고《ゴ》 싶은데요《シップンデヨ》.

差し換え練習でパターンをマスターしましょう！

◆ 市内観光をしたいです。

시내관광《シネクァングァン》 하고《ハゴ》 싶어요《シッポヨ》.

◆ 市場に行きたいです。

시장에《シジャンエ》 가고《カゴ》 싶어요《シッポヨ》.

◆ 冷麺を食べたいです。

냉면을《ネンミョヌル》 먹고《モッコ》 싶어요《シッポヨ》.

◆ 映画が見たいです。

영화를《ヨンファ ルル》 보고《ポゴ》 싶어요《シッポヨ》.

◆ 南大門市場に行きたいです。

남대문시장에《ナンデムンシジャンエ》 가고《カゴ》 싶어요《シッポヨ》.

◆ キムチを買いたいです。

김치《キムチ》 사고《サゴ》 싶어요《シッポヨ》.

CD 16

パターン 7

◆「～してもいいですか？」

したいこと［動詞］＋ 도《ド》 돼요《トゥエヨ》？

◉「～してもいいですか？」と言いたいとき

「使ってもいいですか？」「してもいいですか？」と自分の行動について相手の許可を得るときの言い方が「したいこと ＋ ドトゥエヨ？」のパターンです。

【例】「使ってもいいですか？」を韓国語で言ってみましょう！

［したいこと］ ＋ 돼요 ？

↓ ↓

「使っても」 ＋ 「いいですか？」

⇩ ⇩

써도《ソド》 ＋ 돼요《トゥエヨ》 ？

◆「はい、いいです」

네，돼요．［ネ、トゥエヨ］

◆「いいえ、だめです」

아뇨，안돼요．［アニョ、アンデヨ］

関連事項

●次のように動詞が変化して「～しても」の意味になります。

해다 [ヘダ] → 해도 [ヘド] / 가다 [カダ] → 가도 [カド]

差し換え練習でパターンをマスターしましょう！

◆ してもいいですか？

해도《ヘド》 돼요《トゥエヨ》？

◆ 試着してみてもいいですか？

입어《イボ》 봐도《バド》 돼요《トゥエヨ》？

◆ ここに坐ってもいいですか？

여기《ヨギ》 앉아도《アンジャド》 돼요《トゥエヨ》？

◆ 窓を開けてもいいですか？

창을《チャンウル》 열어도《ヨロド》 돼요《トゥエヨ》？

◆ 借りてもいいですか？

빌려도《ビルリョド》 돼요《トゥエヨ》？

◆ 写真を撮ってもいいですか？

사진을《サジヌル》 찍어도《チゴド》 돼요《トゥエヨ》？

◆「～がありますか？」

ほしいもの［名詞］＋있어요《イッソヨ》？

◉「～がありますか？」と言いたいとき

「席はありますか？」「時間はありますか？」と「～はありますか？」と尋ねるときに使うのがこの「ほしいもの＋イッソヨ」のパターンです。

【例】「ユズ茶はありますか？」を韓国語で言ってみましょう！

［名詞］　＋　있어요　？
↓　　↓
「ユズ茶」　＋　「ありますか？」
⇩　　⇩
유자차《ユジャチャ》　＋　있어요《イッソヨ》　？

◆ 肯定文は語尾を上げずに言います。

「用事があります」　일이《イリ》 있어요《イッソヨ》.

【注】韓国語には「ある」と「いる」の区別はありません。

関連事項

●「ありません」と言いたい時

「ないです」없어요．［オㇷ゚ソヨ］

「時間ありません」시간 없어요．［シガン　オㇷ゚ソヨ］

差し換え練習でパターンをマスターしましょう！

◆ カラオケボックスはありますか？　노래방《ノレバン》 있어요《イッソヨ》？

◆ 時間ありますか？　시간《シガン》 있어요《イッソヨ》？

◆ 席はありますか？　자리《チャリ》 있어요《イッソヨ》？

◆ 先約がありますか？　선약이《ソニャギ》 있어요《イッソヨ》？

◆ キムチはありますか？　김치《キムチ》 있어요《イッソヨ》？

◆ 用事がありますか？　일이《イリ》 있어요《イッソヨ》？

CD 18

パターン 9

◆「～することができますか？」

したいこと［動詞］＋수《ス》 있어요《イッソヨ》？

◉「～することができますか？」と言いたいとき

「話せますか？」「行けますか？」と自分のしたいことができるかどうかを聞くときに使うのが、この「したいこと＋ス イッソヨ？」のパターンです。したいこと（動詞）の後に「ス イッソヨ？」をつけて言います。

【例】「試聴できますか？」を韓国語で言ってみましょう！

したいこと ＋ 수 있어요 ？

↓ ↓

「試聴すること」 ＋ 「できますか？」

⇩ ⇩

들을《トゥルル》 ＋ 수《ス》 있어요《イッソヨ》 ？

◆「수 있어요」は「できます」、「있어요」は「あります」ですね。

◆「～しています」と現在進行の文は次のパターンで表現します。

「していること」＋고《ゴ》 있어요《イッソヨ》

関連事項

◆「～ができます」と言いたい時は、語尾を上げないで次のように発音します。

「韓国語が話せます」　한국말《ハングンマル》 할《ハル》 수《ス》 있어요《イッソヨ》.

差し換え練習でパターンをマスターしましょう！

◆ 日本語が話せますか？　일본말《イルボンマル》 할《ハル》 수《ス》 있어요《イッソヨ》?

◆もっともらえますか？　더《ト》 줄《チュル》 수《ス》 있어요《イッソヨ》?

◆ 見ることができますか？　볼《ポル》 수《ス》 있어요《イッソヨ》?

◆ 行くことができますか？　갈《カル》 수《ス》 있어요《イッソヨ》?

◆ 返品できますか？　반품할《パンプマル》 수《ス》 있어요《イッソヨ》?

◆ 切符を買えますか？　차표《チャピョ》 살《サル》 수《ス》 있어요《イッソヨ》?

パターン 10

◆具体的な答えを求める尋ね方

【例】「トイレはどこですか？」

화장실 어디에요？
ファジャンシル オディエヨ

疑問詞の場合も、語順の基本は日本語と同じように考えて組み立てます。

◆［疑問詞 1］

● 「何」 무엇 ［ムオッ］
● 「どこ」 어디 ［オディ］
● 「いつ」 언제 ［オンジェ］
● 「誰」 누구 ［ヌグ］
● 「なぜ」 왜 ［ウェ］
● 「どれ」 어느 것 ［オヌゴッ］
● 「どっち」 어느 쪽 ［オヌチョㇰ］

◆［疑問詞 2］

● 「いくら」 얼마 ［オㇽマ］
● 「どんな」 어떤 ［オットン］
● 「どのように（どうやって） 어떻게 ［オットケ］

関連事項

●「～はどこですか」のていねいな言い方

「非常口はどこですか？」

비상구는 어디입니까？

ピサングヌン　オディイムニカ

差し換え練習でパターンをマスターしましょう！

◆ お名前は何ですか？

이름이 뭐에요？

イルムイ　ムオエヨ

◆ それはなぜですか？

그것은 왜요？

クゴスン　ウェヨ

◆ どなたですか？

누구에요？

ヌグエヨ

◆ いつ出発するのですか？

언제 출발해요？

オンジェ　チュルバルヘヨ

◆ 私の席はどこですか？

제 자리는 어디에요？

チェ　チャリヌン　オディエヨ

◆ どちらが安いですか？

어느 쪽이 싸요？

オヌ　チョギ　サヨ

CD 19

◆ からだの具合はどうですか？ 몸은 어때요？
モムン　オッテヨ

◆ 旅行はどうでしたか？ 여행은 어땠어요？
ヨヘンウン　オッテッソヨ

◆ いくらですか？ 얼마에요？
オルマエヨ

◆ 今、何時ですか？ 지금 몇 시인가요？
チグム　ミョッシインガヨ

●「몇［ミョッ］＋単位」を使った尋ね方

「何個？」とか、「何名？」と尋ねるには、「いくつ」の 意味の「몇［ミョッ］＋単位」で表現します。

◇「何個」몇 개［ミョッケ］

◇「何名」몇 명［ミョッミョン］

◇「何歳」몇 살［ミョッサル］

◇「何時」몇 시［ミョッシ］

ハングルを読むポイントを図解すると…。

次のハングルは「南大門市場」という意味で、「ナムデムンシジャン」のように発音します。

南《ナム》　大《デ》　門《ムン》　市《シ》　場《ジャン》

남 대 문 시 장

【分解すると】

⇩

ㄴㅏㅁ　ㄷㅐ　ㅁㅜㄴ　ㅅㅣ　ㅈㅏㅇ

CD 20

「～したことがあります」の表現

「したこと」＋ 적이《チョギ》 있어요《イッソヨ》.

「見たことがある」「食べたことがある」というように過去の経験を言うときのパターンです。

◆ 習ったことがあります。　배운《ペウン》 적이《チョギ》 있어요《イッソヨ》.

◆ 行ったことがあります。　간《カン》 적이《チョギ》 있어요《イッソヨ》.

◆ 食べたことがあります。　먹은《モグン》 적이《チョギ》 있어요《イッソヨ》.

◆ 見たことがあります。　본《ポン》 적이《チョギ》 있어요《イッソヨ》.

◆ 買ったことがあります。　산《サン》 적이《チョギ》 있어요《イッソヨ》.

◆ 読んだことがあります。　읽은《イルグン》 적이《チョギ》 있어요《イッソヨ》.

◆ したことがあります。　해본《ヘボン》 적이《チョギ》 있어요《イッソヨ》.

PART 4

10パターン中心で
話せる
韓国語旅行会話

初めての出会い

名前	医者	e-mail アドレス	旅行
이름《イルム》	의사《ウィサ》	이메일《イメイル》 주소《チュソ》	여행《ヨヘン》
誕生日	看護師	連絡	映画
생일《センイル》	간호사《カノサ》	연락《ヨルラク》	영화《ヨンファ》
職業	公務員	干支	スポーツ
직업《チゴプ》	공무원《コンムウォン》	띠《ティ》	스포츠《スポチュ》
会社員	主婦	単語	釣り
회사원《フェサウォン》	주부《チュブ》	단어《タノ》	낚시《ナクシ》
技術者	学生	発音	盆栽
기술자《キスル チャ》	학생《ハクセン》	발음《パルム》	분재《プンジェ》
教師	住所	趣味	コンピュータ
교사《キョサ》	주소《チュソ》	취미《チュイミ》	컴퓨터《コムピュト》
美容師	携帯電話	読書	登山
미용사《ミヨンサ》	핸드폰《ヘンドゥポン》	독서《トクソ》	등산《トゥンサン》

CD 21

◆ はじめまして。

처음 뵙겠습니다 .

チョウㇺ　ペㇷ゚ケッスㇺニダ

はじめまして

◆ 私は松田豊美です。

저는 마츠다 도요미입니다

チョヌン　マツダ　トヨミイㇺニダ

私は　松田　豊美です

◆ よろしくお願いします。

잘 부탁합니다 .

チャㇽ　プタカㇺニダ

よろしく　お願いします

◆ お会いできてうれしいです。

만나서 반갑습니다 .

マンナソ　パンガㇷ゚スㇺニダ

お会いできて　うれしいです

◆ どんなお仕事をされていますか？

어떤 일을 하시고 계세요 ?

オットン　イルㇽ　ハシゴ　ケセヨ

どんな　お仕事を　されていますか

話してみましょう！

CD 22

◆ 会社員です。

회사원이에요 .

フェサウォニエヨ

会社員です

◆ 韓国は初めてです。

한국은 처음이에요 .

ハングングン　チュウミエヨ

韓国は　初めてです

◆ おいくつですか？

나이가 어떻게 되세요 ?

ナイガ　オットッケ　デセヨ

歳は　いくつですか

◆ 28 歳です。

스물여덟 살이에요 .

スムルヨドッル　サリエヨ

28　歳です

◆ 誕生日はいつですか？

생일은 언제에요 .

センイルン　オンジェエヨ

誕生日は　いつですか

◇ 4月6日です。

사월 육일이에요.

サウォル　ユギリエヨ

4月　6日です

◇ 趣味は何ですか？

취미는 무엇이에요.

チュミヌン　ムオシエヨ

趣味は　何ですか

◇ カラオケです。

가라오케에요.

カラオケエヨ

カラオケです

◇ 趣味が同じですね。

취미가 같군요.

チュミガ　カックニヨ

趣味が　同じですね

◇ 気が合いますね。

마음이 맞네요.

マウミ　マンネヨ

気が　合いますね

話してみましょう！

CD 23

◇ 今、韓国語の勉強中です。

지금 한국말 공부하는 중이에요 .

チグム　ハングンマル　コンブハヌン　チュンイエヨ

今、　韓国語の　勉強中です

◇ 韓国語を教えてください。

한국말 가르쳐 주세요 .

ハングンマル　カルチョ　チュセヨ

韓国語を　教えて　ください

◇ 私も韓国語習いたいです。

저도 한국말 배우고 싶어요 .

チョド　ハングンマル　ペウゴ　シッポヨ

私も　韓国語を　習いたいです

◇ 〈テハク〉はどういう意味ですか？

[대학] 은 무슨 뜻이에요？

テハグン　ムッスン　トゥシエヨ

〈テハク〉は　どう言う　意味ですか

◇ この紙に書いてください。

이 종이에 써 주세요 .

イ　チョンイエ　ソ　チュセヨ

この　紙に　書いて　ください

◇ Eメールアドレスを教えてください。

이 메일 주소 가르쳐 주세요 .

イ　メイル　チュソ　カルチョ　チュセヨ

Eメールアドレスを　教えて　ください

◇ 携帯電話に電話してください。

핸드폰으로 전화 주세요 .

ヘンドゥポンヌロ　チョナ　チュセヨ

携帯電話に　電話して　ください

◇ 電話をかけてもいいですか？

전화해도 돼요 ?

チョナヘド　トゥエヨ

電話をかけても　いいですか

◇ またお会いしましょう。

또 만납시다 .

トゥ　マンナプシダ

また　お会いしましょう

◇ お会いできてうれしかったです。

만날 수 있어서 기뻤어요 .

マンナル　ス　イッソソ　キポッソヨ

お会い　できて　うれしかったです

交通機関（タクシー・バス・電車）

タクシー 택시《テㇰシ》	番号 번호《ポノ》	路線図 노선도《ノソンド》	終点 종점《チョンチョㇺ》
空車 빈차《ピンチャ》	電車 전차《チョンチャ》	時刻表 시각표《シガㇰピョ》	~行き 행《ヘン》
模範タクシー 모범택시《モポㇺテㇰシ》	地下鉄 지하철《チハチョㇽ》	改札口 개찰구《ケチャルグ》	切符 차표《チャピョ》
おつり 잔돈《チャンドン》	列車 열차《ヨㇽチャ》	入口 입구《イㇷ゚ク》	切符売場 표 파는 곳《ピョパヌンゴッ》
バス 버스《ポス》	汽車 기차《キチャ》	出口 출구《チュㇽグ》	自販機 자판기《チャパンギ》
駅 역《ヨㇰ》	高速道路 고속도로《コソㇰトロ》	角 코너《コノ》	乗車券 승차권《スンチャクォン》
バス停 버스정류장《ポスチョンニュジャン》	予約 예약《イェヤㇰ》	信号 신호《シノ》	売店 매점《メジョㇺ》

CD 24

【タクシー】

◆ 乗ってもいいですか？

타도 돼요?

タド　トゥエヨ

乗っても　いいですか

◆ A: どちらに行きますか？

어디로 가세요?

オディロ　カセヨ

どちらに　行きますか

◆ B: ロッテホテルへ行ってください。

롯데호텔 가 주세요.

ロッテホテル　カ　チュセヨ

ロッテホテルへ　行って　ください

◆ いくらくらいかかりますか？

얼마 정도 걸려요?

オルマ　チョンド　コルリョヨ

いくらくらい　かかりますか

◆ 次の角［信号］で降ろしてください。

다음 코너 [신호] 에서 내려 주세요.

タウム　コノ　［シノ］　エソ　ネリョ　チュセヨ

次の　角　［信号］で　降ろして　ください

話してみましょう！

CD 25

◆ ここ［明洞］で降ろしてください。

여기 [명동 (에)] 서 내려 주세요 .

ヨギソ　[ミョンドン（エ)]　ソ　ネリョ　チュセヨ

ここ　［明洞］で　降ろして ください

◆ 停めてください。

세워 주세요 .

セウォ　チュセヨ

停めて　ください

◆ 着きましたよ。

다 왔어요 .

タ　ワッソヨ

着きました

◆ いくらですか？

얼마에요 ?

オルマエヨ

いくらですか

◆ おつりはいいですよ。

잔돈은 됐어요 .

チャンドヌン　テッソヨ

おつりは　いいですよ

【バス】

◇ バス乗り場はどこですか？

버스승차장 어디에요？
ポススンチャジャン　オディエヨ
バス乗り場は　どこですか

◇ 切符はどこで買えますか？

표는 어디서 사요？
ピョヌン　オディソ　サヨ
切符は　どこで　買えますか

◇ 時刻表［バスの路線地図］がありますか？

시간표 [버스 노선지도] 있어요？
シガンピョ　［ポス　ノソンチド］　イッソヨ
時刻表　［バスの路線地図］が　ありますか

◇ どこで降りたらいいですか？

어디서 내리면 돼요？
オディソ　ネリミョン　トゥエヨ
どこで　降りたら　いいですか

◇ ソウル駅までいくらですか？

서울역 까지 얼마에요？
ソウルリョッ　カジ　オルマエヨ
ソウル駅　まで　いくらですか

話してみましょう!

CD 26

◆ このバスは南大門へ行きますか？

이 버스 남대문에 가요 ?

イ　ポス　ナムデムネ　カヨ

この　バスは　南大門へ　行きますか

◆ ソウル駅に着いたら教えてください。

서울역에 도착하면 가르쳐 주세요 .

ソウルリョゲ　トチャカミョン　カルチョ　チュセヨ

ソウル駅に　着いたら　教えて　ください

◆ 終点はどこですか？

종점은 어디에요 ?

チョンチョムン　オディエヨ

終点は　どこですか

◆ 降ります。

내려요 .

ネリョヨ

降ります

◆ おつりはありますか？

거스름돈 있어요 ?

コスルムトン　イッソヨ

おつりは　ありますか

【電車・地下鉄】

◇ 路線地図をください。

노선지도를 주세요.

ノソンチドルル　チュセヨ

路線地図を　ください

◇ 地下鉄の駅はどこですか？

지하철역은 어디에요？

チハチョル　リョグン　オディエヨ

地下鉄の駅は　どこですか

◇ この電車は東大門に行きますか？

이 전철은 [전차는] 동대문으로 가요？

イ　チョンチョルン［チョンチャヌン］トンデムヌロ　カヨ

この　電車は　東大門に　行きますか

◇ 今乗車してもいいですか？

지금 승차해도 돼요？

チグム　スンチャヘド　トゥエヨ

今　乗車しても　いいですか

◇ どこで乗り換えるのですか

어디서 갈아타요？

オディソ　カラタヨ

どこで　乗り換えるのですか

話してみましょう！

CD 27

◇ ムグンファ号［セマウル号］でお願いします。

무궁화호［새마을호］를 부탁해요.

ムグンファホ　［セマウルホ］　ルル　プタッケヨ

ムグンファ号　［セマウル号］で　お願いします

◇ 窓［通路］側の席をお願いします。

창가쪽［통로쪽］으로 자리를 부탁해요.

チャンカチョ［トンノチョ］グロ　チャリルル　プタッケヨ

窓［通路］側の 席を　お願いします

◇ 禁煙席 をお願いします。

금연석을 부탁해요.

クムヨンソグル　プタッケヨ

禁煙席を　お願いします

◇ 釜山まで寝台車を予約したいのですが。

부산행 침대차를 예약하고 싶은데요.

プサネン　チムデチャルル　イェヤッカゴ　シップンデヨ

釜山まで　寝台車を　予約したいのですが

◇ 列車の中で切符を買えますか？

열차안에서 차표를 살 수 있어요?

ヨルチャアネソ　チャピョルル　サル　ス　イッソヨ

列車の中で　切符を　買えますか

◇ この切符を交換したいのですが。

이 차표를 교환하고 싶은데요.

イ　チャピョルル　キョファナゴ　シップンデヨ

この　切符を　交換したいのですが

◇ 予約を変更したいのですが。

예약을 변경하고 싶은데요.

イエヤクル　ピョンギョンハゴ　シップンデヨ

予約を　変更したいのですが

◇ ここに 座ってもいいですか？

여기에 앉아도 돼요?

ヨギエ　アンジャド　トゥエヨ

ここに　座っても　いいですか

◇ 座席を替えてもいいですか？

좌석을 바꿔도 돼요?

チャソグル　パックォド　トゥエヨ

座席を　替えても　いいですか

◇ 窓を開け［閉め］てもいいですか？

창문을 열어도 [닫아도] 돼요?

チャンムヌル　ヨロド　［タダド］　トゥエヨ

窓を　開け　［閉め］ても　いいですか

ホテルで

宿泊 숙박《スㇰパㇰ》	貴重品 귀중품《クィジュンプㇺ》	冷蔵庫 냉장고《ネンジャンゴ》	朝食 아침식사《アッチㇺシㇰサ》
受付 접수《チョㇷ゚ス》	故障 고장《コジャン》	アイロン 다리미《タリミ》	クリーニング 클리닝《クㇽリニン》
予約 예약《イェヤㇰ》	伝言 전언《チョノン》	石鹸 비누《ピヌ》	宿泊料金 숙박요금《スㇰパンニョグㇺ》
部屋番号 방번호《パン ボノ》	電話 전화《チョナ》	タオル 수건《スゴン》	会計 계산《ケサン》
オンドル部屋 온돌방《オンドㇽパン》	ドア 문《ムン》	ベッド 침대《チㇺデ》	非常口 비상구《ピサング》
毛布 모포《モポ》	浴室 욕실《ヨㇰシㇽ》	暖房 난방《ナンバン》	トイレットペーパー 휴지《ヒュジ》
カギ 열쇠《ヨㇽ セ》	朝食 아침식사《アッチㇺシㇰサ》	冷房 냉방《ネンバン》	ヘアドライアー 드라이어《トゥライオ》

CD 28

◇ いらっしゃいませ。

어서오세요 .

オソオセヨ

いらっしゃいませ

◇ 日本から予約した松田美子です。

일본에서 예약한 마츠다 요시코인데요 .

イルボネソ イエヤッカン マツダ ヨシコインデヨ

日本から 予約した 松田 美子です

◇ チェックインをお願いします。

체크인을 부탁해요 .

チェックイヌル プタッケヨ

チェックインを お願いします

◇ A: 宿泊カードにご記入ください。

숙박카드에 적어 주세요 .

スクパクカドゥエ チョゴ チュセヨ

宿泊カードに ご記入ください

◇ B: わかりました。

네 , 알았어요 .

ネ アラッソヨ

はい わかりました

話してみましょう！

CD 29

◇ 部屋を替えてほしいのですが。

방을 바꾸고 싶은데요.

バンル　バクゴ　シップンデヨ

部屋を　替えて　ほしいのですが

◇ 別の部屋を見せてもらえますか？

다른 방을 보여줄 수 있어요？

タルン　バンウル　ボヨジュル　ス　イッソヨ

別の　部屋を　見せてもらえますか

◇ もっと広い部屋はありませんか？

좀더 큰 방은 없어요？

チョムド　クン　バンウン　オッソヨ

もっと　広い部屋は　ありませんか

◇ スポーツクラブはありますか？

헬스클럽은 있어요？

ヘルスクルロブン　イッソヨ

スポーツクラブは　ありますか

◇ サウナはありますか？

사우나는 있어요？

サウナヌン　イッソヨ

サウナは　ありますか

◇ もしもし（フロントです）。

여보세요 .

ヨボセヨ

もしもし

◇ ルームサービスをお願いします。

룸서비스 부탁해요 .

ルㇺソビス　プタッケヨ

ルームサービスを　お願いします

◇ タオルをもう少し余分にもらえますか？

타올을 여유있게 줄 수 있어요 ?

タオルㇽ　ヨユイッケ　チュㇽ ス　イッソヨ

タオルを　もう少し余分にもらえますか

◇ 氷を持って来てもらえますか？

얼음을 가져다줄 수 있어요 ?

オルムㇽ　カジョダジュㇽ　ス　イッソヨ

氷を　持って来てもらえますか

◇ チキンサラダとコーヒーを一杯お願いします。

치킨샐러드와 커피를 한잔 부탁해요 .

チキンセㇽロドゥワ　コピㇽㇽ　ハンジャン プタッケヨ

チキンサラダと　コーヒーを　一杯　お願いします

話してみましょう！

CD 30

◇ 料金は部屋の勘定につけておいてください。

요금은 방요금에 넣어 주세요 .

ヨグムン　パンヨグメ　ノオ　チュセヨ

料金は　部屋の勘定に　つけて　おいてください

◇ ファックスのサービスはありますか？

팩스 서비스는 있어요 ?

ペクス　ソビスヌン　イッソヨ

ファックスのサービスは　ありますか

◇ この手紙を出してください。

이 편지를 부쳐 주세요 .

イ　ピョンジルル　プチョ　チュセヨ

この　手紙を　出して　ください

◇ アイロンだけかけてください。

다리미만 해 주세요 .

タリミマン　ヘ　チュセヨ

アイロンだけ　かけてください

◇ いつ仕上がりますか？

언제 다 되나요 ?

オンジェ　タ　デナヨ

いつ　仕上がりますか

◇ 今部屋を掃除してください。

지금 방 청소해 주세요 .

チグㇺ　パン　チョンソヘ　チュセヨ

今　部屋を　掃除して　ください

◇ もう一泊したいのですが。

하룻밤 더 묵고 싶은데요 .

ハルッパㇺ　ト　ムッコ　シップンデヨ

もう一泊　泊まりたいのですが

◇ 部屋を２時まで使ってもいいですか？

방을 두 시까지 사용해도 돼요 ?

パンウㇽ　トゥ　シカジ　サヨンヘド　トゥエヨ

部屋を　２時まで　使っても　いいですか

◇ チェックアウトしたいのですが。

체크아웃하고 싶은데요 .

チェクアウタゴ　シップンデヨ

チェックアウトしたいのですが

◇ タクシーを呼んでいただけませんか？

택시를 불러 주시겠어요 ?

テㇰシルㇽ　プㇽロ　ジュシゲッソヨ

タクシーを　呼んで　いただけませんか

話してみましょう!

CD 31

◇ 隣の部屋がうるさいです。

옆 방이 시끄러워요 .

ヨㇷ゚　パンイ　　シクロウォヨ

隣の　部屋が　　うるさいです

◇ シャワーのお湯が出ません。

샤워의 따뜻한　물이 안 나와요 .

シャウォエ　　タットゥッタン　ムリ　　アン　ナワヨ

シャワーの　　お湯が　　　　出ません

◇ すぐ直してくれますか？

금방 고쳐 주세요 ?

クㇺバン　コチョ　チュセヨ

すぐ　　直して　　くれますか

◇ 部屋の明かりがつきません。

방에 불이 켜지지 않아요 .

パンエ　　プリ　　　キョジジ　　　アナヨ

部屋の　　明かりが　　つきません

◇ 部屋にカギを置いてきてしまいました。

방에 열쇠를 두고 나왔어요 .

パンエ　　ヨㇽセルㇽ　　トゥゴ　　ナワッソヨ

部屋に　　カギを　　　　置いてきてしまいました

干支は何ですか？

A: 무슨《ムスン》 띠에요《ティエヨ》？（干支は何ですか？）

B: 닭띠에요《タッㇰティエヨ》.（とりです）

쥐《チュイ》 ね	소《ソ》 うし	범《ポム》 とら
토끼《トッキ》 う	용《ヨン》 たつ	뱀《ペム》 み
말《マル》 うま	양《ヤン》 ひつじ	원숭이《ウォン スンイ》 さる
닭《タク》 とり	개《ケ》 いぬ	돼지《トゥエジ》 い（ぶた）

買物を楽しむ

市場 시장 シジャン	免税店 면세점 ミョンセジョム	書店 서점 ソジョム	地味 수수한 ススハン
おみやげ 선물 ソンムル	民芸品 민속품 ミンソクプム	百貨店 백화점 ペックァジョム	派手 화려한 ファリョハン
日用品 일용품 イリョンプム	試着 시착 シチャク	セール 세일 セイル	長い 길다 キルダ
食料品 식료품 シンニョプム	指輪 반지 パンジ	帽子 모자 モジャ	短い 짧다 チャルタ
化粧品 화장품 ファジャンプム	時計 시계 シゲ	靴 신발 シンバル	大きい 크다 クダ
香水 향수 ヒャンス	鑑定書 감정서 カムジョンソ	色 색깔 セッカル	小さい 작다 チャクタ
口紅 립스틱 リプスティク	韓国のり 한국김 ハングッキム	ほかの 다른 タルン	全部 전부 チョンブ

CD 32

◇ 買い物に行きましょうか？

쇼핑 나가 볼까요？

ショピン　ナガ　ボルカヨ

買い物に　行きましょうか

◇ いっしょに買い物に付き合ってくれますか？

같이 물건 사러 가지 않을래요？

カッチ　ムルゴン　サロ　ガジ　アヌルレヨ

いっしょに　買い物に　付き合ってくれますか

◇ 何がほしいですか？

무엇이 좋아요？

ムオシ　チョアヨ

何が　ほしいですか

◇ このお店はどこにありますか？

이 가게는 어디에 있어요？

イ　カゲヌン　オディエ　イッソヨ

このお店は　どこに　ありますか

◇ このお店に寄ってみませんか？

이 가게 들어가 볼까요？

イ　カゲ　トゥロガ　ボルカヨ

この　お店に　寄って　みませんか

話してみましょう！

CD 33

◇ A: いらっしゃいませ。何をおさがしですか？

어서오세요 . 무엇을 찾으세요 ?

オソオセヨ　ムオスル　チャジュセヨ

いらっしゃいませ。　何を　おさがしですか

◇ B1: はい。スカーフを見たいのですが。

예 . 스카프를 보고 싶어요 .

イェ　スカプルル　ポゴ　シッポヨ

はい。スカーフを　見たいのですが

◇ 見ているだけです。ありがとう。

구경 좀 할게요 . 고마워요 .

クギョンジョム ハルケヨ　コマウオヨ

見ているだけです　ありがとう

◇ 高麗人参はありますか？

고려인삼 있어요 ?

コリョインサム　イッソヨ

高麗人参　ありますか

◇ おみやげ用のキムチありますか？

선물용 김치 있어요 ?

ソンムリョン　キムチ　イッソヨ

おみやげ用の　キムチ　ありますか

◇ そのブラウスを見せてください。

저 브라우스를 보여 주세요.

チョ　ブラウスルル　ポヨ　チュセヨ

その　ブラウスを　見せて　ください

◇ 営業時間は何時ですか？

영업시간은 몇 시 인가요？

ヨンオプシガヌン　ミョッシ　インガヨ

営業時間は　何時　ですか

◇ これと同じものはありますか？

이것과 같은 것 있어요？

イゴックァ　カットゥン ゴッ　イッソヨ

これと　同じものは　ありますか

◇ これは何ですか？

이것은 뭔데요？

イゴスン　モンデヨ

これは　何ですか

◇ それを見せてください。

그것 보여 주세요.

クゴッ　ポヨ　チュセヨ

それを　見せて　ください

話してみましょう！

CD 34

◇ ほかの商品を見たいのですが。

다른 상품을 보고 싶어요 .

タルン　サンプムル　ポゴ　シッポヨ

ほかの　商品を　見たいのですが

◇ ほかの安いものを見たいのですが。

다른 싼 것을 보고 싶어요 .

タルン　サン ゴッスル　ポゴ　シッポヨ

ほかの　安いものを　見たいのですが

◇ ほかのブランドはありますか？

다른 브랜드도 있어요 ?

タルン　ブレンドゥド　イッソヨ

ほかの　ブランドは　ありますか

◇ ほかの色を見せてください。

다른 색을 보여 주세요 .

タルン　セグル　ポヨ　チュセヨ

ほかの　色を　見せてください

◇ ほかの種類はありますか？

다른 종류도 있어요 ?

タルン　チョンニュド　イッソヨ

ほかの　種類は　ありますか

◆ 着てみてもいいですか？

입어 봐도 돼요？

イボ　バド　トゥエヨ

着てみても　いいですか

◆ さわってもいいですか？

만져 봐도 돼요？

マンジョ　バド　トゥエヨ

さわっても　いいですか

◆ 履いてみてもいいですか？

신어 봐도 돼요？

シノ　バド　トゥエヨ

履いてみても　いいですか

◆ 食べてみてもいいですか？

먹어 봐도 돼요？

モゴ　バド　トゥエヨ

食べてみても　いいですか

◆ この材質は何ですか？

이 품질은 뭐에요？

イ　プムジルン　ムォエヨ

この　材質は　何ですか

話してみましょう！

CD 35

◆ これでＬサイズはありますか？

이것으로 L 사이즈는 있어요？

イゴスロ　エル　サイジュヌン　イッソヨ

これで　Ｌサイズは　ありますか

◆ これでＭサイズをください。

이것으로 M 사이즈를 주세요.

イゴスロ　エム　サイジュルル　チュセヨ

これで　Ｍサイズを　ください

◆ もっと大きい［小さい］ものはありますか？

더 큰［작은］것은 있어요？

ト　クン［チャグン］　ゴスン　イッソヨ

もっと 大きい［小さい］ものは　ありますか

◆ 少しきついです。

좀 작아요.

チョム チャガヨ

少し　きついです

◆ これはあまり好きではありません。

이것은 별로 좋아하지 않아요.

イゴスン　ビョルロ　チョアハジ　アナヨ

これは　あまり　好きでは　ありません

◇ 私に似合いますか？

나한테 어울려요？
ナハンテ　オウルリョヨ
私に　似合いますか

◇ 良く似合っています。

잘 어울려요.
チャル　オウルリョヨ
良く　似合っています

◇ すごく素敵です。

참 멋져요.
チャム　モッチョヨ
すごく　素敵です

◇ ピッタリですね。

꼭 맞아요.
コク　マジャヨ
ピッタリですね

◇ もし合わなければ返品してもいいですか？

만일 맞지 않으면 반품해도 돼요？
マニル　マッチ　アヌミョン　パンプメド　トゥエヨ
もし合わなければ　返品しても　いいですか

話してみましょう！

CD 36

◇ これをください。

이것을 주세요 .

イゴスル　チュセヨ

これを　ください

◇ あれを買いたいのですが。

저것을 사려고 하는데요 ?

チョゴスル　サリョゴ　ハヌンデヨ

あれを　買いたいのですが

◇ 免税で買えますか？

면세로 살 수 있어요 ?

ミョンセロ　サル　ス　イッソヨ

免税で　買えますか

◇ あれはいくらですか？

저건 얼마에요 ?

チョゴン　オルマエヨ

あれは　いくらですか

◇ 高いですね。

비싸네요 .

ピサネヨ

高いですね

◇ 値引きしてください。

할인해 주십시오 .

ハリネ　チュシプシオ

値引きして　もらえませんか

◇ 少し安くしてください。

좀 깍아 주세요 .

チョム　カッカ　チュセヨ

少し　安くして　ください

◇ 全部でいくらですか？

전부 얼마에요 ?

チョンブ　オルマエヨ

全部で　いくらですか

◇ これを贈り物用に包んでください。

이것을 선물용으로 포장해 주세요 .

イゴスル　ソンムリョンウロ　ポジャンヘ　チュセヨ

これを　贈り物用に　包んで　ください

◇ 別々に包んでください。

따로따로 싸 주세요 .

タロタロ　サ　チュセヨ

別々に　包んで　ください

話してみましょう！

CD 37

◇ 箱に入れてください。

상자에 넣어 주세요.

サンジャエ　ノオ　チュセヨ

箱に　入れて　ください

◇ 日本に送ってください。

일본으로 보내 주세요.

イルボヌロ　ボネ　チュセヨ

日本に　送って　ください

◇ これをホテルまで配達してください。

이것을 호텔까지 배달해 주세요.

イゴスル　ホテルカジ　ペダレ　チュセヨ

これを　ホテルまで　配達して　ください

◇ このＴシャツを交換したいのですが。

이 T 셔츠를 바꾸고 싶어요.

イ　ティ ショチュルル　バクゴ　シッポヨ

この　Ｔシャツを　交換したいのですが

◆組み立て方の基本◆
4つのパターン

ハングルは発音記号を積み木のように積んだり、並べたりして音を出します。

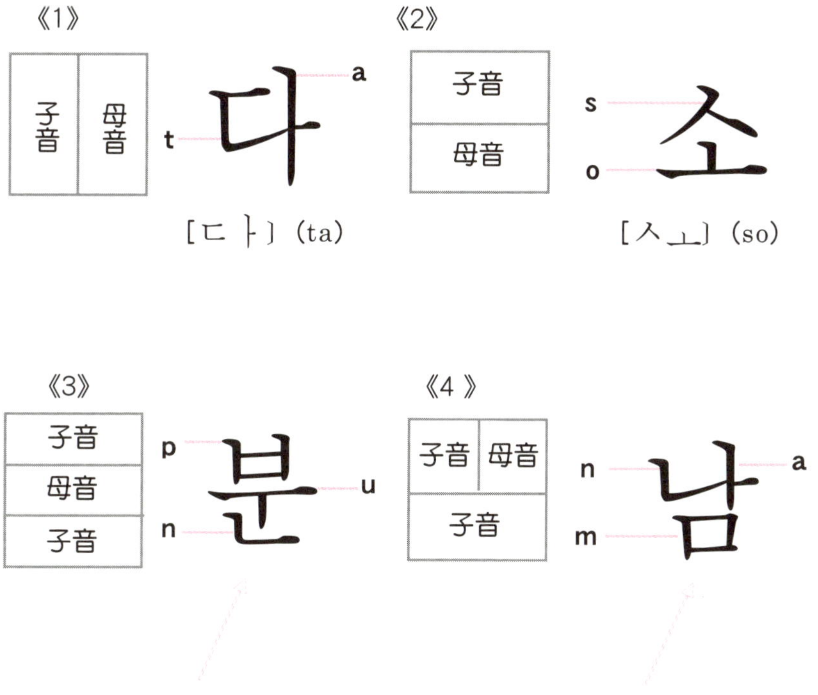

분 の発音の順序は、

「上→　中→　下」

[ㅂ ㅜ ㄴ] (p u n)

남 の発音の順序は、

「左→　右→　下」

[ㄴ ㅏ ㅁ] (n a m)

食事を楽しむ

食堂	コムタン	箸	牛乳
식당	곰탕	젓가락	우유
シクタン	コㇺタン	チョッカラㇰ	ウユ
韓定食	参鶏湯	もち	水
한정식	삼계탕	떡	물
ハンジョンシㇰ	サㇺ ゲ タン	トッㇰ	ムㇽ
日食（和食）	汁 / スープ	のり巻き	麦茶
일식	국	김밥	보리차
イㇽシク	クㇰ	キㇺパㇷ゚	ポリチャ
ごはん	冷麺	キムチ鍋	酒
밥	냉면	김치찌개	술
パㇷ゚	ネンミョン	キㇺチチゲ	スㇽ
ビビンバ	焼肉	豆腐なべ	ビール
비빔밥	불고기	순두부	맥주
ピビㇺパㇷ゚	プㇽゴギ	スンドゥブ	メクチュ
餃子	ナムル	味噌なべ	焼酎
만두	나물	된장찌개	소주
マンドゥ	ナムㇽ	テンジャンチゲ	ソジュ
チゲ（鍋料理）	チヂミ	氷	マッコリ
찌개	전	얼음	막걸리
チゲ	チョン	オルム	マッコㇽリ

[食堂・レストランで]

CD 38

◇ おなかぺこぺこです。

배 고파요 .

ペ　ゴパヨ

おなか　ぺこぺこです

◇ 食事［飲み］に行きましょうか？

식사하러 [한잔하러] 갈까요？

シクサハロ　ハンジャナロ　カルカヨ

食事　［飲み］に　行きましょうか

◇ 何が食べたいですか？

무엇을 먹고 싶어요？

ムオスル　モッコ　シッポヨ

何が　食べたいですか

◇ 本場の焼肉とキムチが食べたいです。

본고장의 불고기와 김치를 먹고 싶어요 .

ポンゴシャンエ　プルゴキワ　キムチルル　モッコ　シッポヨ

本場の　焼肉と　キムチが　食べたいです

◇ [先生] におまかせします。

[선생님] 한테 맡기겠어요 .

ソンセンニ　マンテ　マッキゲッソヨ

先生　に　おまかせします

話してみましょう！

CD 39

◆ いらっしゃいませ。

어서오세요 .

オソオセヨ

いらっしゃいませ

◆ 何名様ですか？

몇 분이세요 ?

ミョッ プニセヨ

何名様　ですか

◆ 2人です。

두 사람이에요 .

トゥ　サラミエヨ

2　人です

◆ 2人用の席はありますか？

이인용 자리 있어요 ?

イイニョン　チャリ　イッソヨ

2人用の　席は　ありますか

◆ 窓際のテーブルをお願いします。

창엽 테이블을 부탁해요 .

チャンヨプ　テイブルル　ブタッケヨ

窓際の　テーブルを　お願いします

◇ 禁煙席［喫煙席］をお願いします。

금연석 [흡연석] 을 부탁해요 .

クミョンソ　［フビョンソ］グル　ブタッケヨ

禁煙席　［喫煙席］を　お願いします

◇ ここに座ってもいいですか？

여기 앉아도 돼요 ?

ヨギ　アンジャド　トゥエヨ

ここに　座っても　いいですか

◇ 席を替えてもいいですか？

자리를 바꿔도 돼요 ?

チャリルル　パックォド　トゥエヨ

席を　替えても　いいですか

◇ すみません！（喫茶店や食堂で店員を呼ぶとき）

여기요 . / 저기요 .

ヨギヨ　/　チョギヨ

すみません

◇ ユズ茶はありますか？

유자차 있어요 ?

ユジャチャ　イッソヨ

ユズ茶は　ありますか

話してみましょう！

CD 40

◇ メニューを見せてください。

메뉴 보여 주세요 .

メニュー　ポヨ　チユセヨ

メニューを　見せて　ください

◇ 日本語のメニューはありますか？

일본어 메뉴는 있어요 ?

イルボノ　メニュヌン　イッソヨ

日本語　メニューは　ありますか

◇ A: 注文なさいますか？

주문 하시겠어요 ?

チュムン　ハシゲッソヨ

注文　なさいますか

B: はい , お願いします。

네 , 부탁해요 .

ネ　プタッケヨ

はい ,　お願いします

◇ これはどんな料理ですか？

이건 무슨 요리에요 ?

イゴン　ムスン　ヨリエヨ

これは　どんな　料理ですか

今注文したいのですが。

지금 주문하고 싶어요.

チグム　チュムナゴ　シッポヨ

今　注文したいのですが

ビールを１本ください。

맥주 한 병 주세요.

メクチュ　ハンビョン　チュセヨ

ビールを　１本　ください

定食をください。

정식을 주세요.

チョンシグル　チュセヨ

定食を　ください

これをください。

이것을 주세요.

イゴスル　チュセヨ

これを　ください

牛カルビ５人分ください。

소갈비 5 인분 주세요.

ソガルビ　オインブン　チュセヨ

牛カルビ　５人分　ください

話してみましょう！

CD 41

◆ 何がおいしいですか？

뭐가 맛있어요？

ムォガ　マシッソヨ

何が　おいしいですか

◆ これは何ですか？

이건 뭐에요？

イゴン　ムォエヨ

これは　何ですか

◆ 食べ方を教えてください。

먹는 방법을 가르쳐 주세요.

モンヌン　パンボブル　カルチョ　チュセヨ

食べ方を　教えて　ください

◆ こうやって食べます。

이렇게 먹어요.

イロッケ　モゴヨ

こうやって　食べます

◆ コーヒーの代わりに人参茶をください。

커피 대신에 인삼차 주세요.

コッピ　テシネ　インサㇺチャ　チュセヨ

コーヒーの 代わりに　人参茶を　ください

◇ この料理は辛いですか？

이 요리는 매워요？

イ　ヨリヌン　メウォヨ

この　料理は　辛いですか

◇ 辛くしないでください。

안 맵게 해 주세요.

アン　メプケ　ヘ　チュセヨ

辛くしないで　ください

◇ ナムルは別の器にしてください。

나물은 다른 그릇에 주세요.

ナムルン　タルン　クルセ　チュセヨ

ナムルは　別の　器に　してください

◇ 水キムチをください。

물김치를 주세요.

ムルギムチルル　チュセヨ

水キムチを　ください

◇ この料理、ボリュームがありますね。

이 요리 양이 많네요.

イ ヨリ　ヤンイ　マンネヨ

この料理　ボリュームがありますね

話してみましょう！

CD 42

◇ 水をください。

물을 주세요.

ムルル　チュセヨ

水を　ください

◇ キムチをもう少しください。

김치를 조금 더 주세요.

キムチルル　チョグム　ト　チュセヨ

キムチを　もう少し　ください

◇ ビールをもう１本ください。

맥주 한 병 더 주세요.

メクチュ　ハン ビョン ト　チュセヨ

ビールを　もう１本　ください

◇ 参鶏湯を２つください。

삼계탕 둘 주세요.

サムゲタン　トゥル チュセヨ

参鶏湯を　２つ　ください

◇ 温め直してください。

다시 데워 주세요.

タシ　テウォ　チュセヨ

温め直して　ください

◇ これは頼んではいません。

이건 안 시켰어요 .

イゴン　アン　シキョッソヨ
これは　頼んではいません

◇ これは注文しました。

이건 시켰어요 .

イゴン　シキョッソヨ
これは　注文しました

◇ ごはんをもう１つください。

밥을 하나 더 주세요 .

パブル　ハナ　ト　チュセヨ
ごはんを　もう１つ　ください

◇ 豆もやしのナムルのおかわりをください。

콩나물을 더 주세요 .

コンナムルル　ト　チュセヨ
豆もやしのナムルの　おかわりを　ください

◇ 箸をください。

젓가락을 주세요 .

チョッカラグル　チュセヨ
箸を　ください

話してみましょう！

CD 43

◇ 乾杯！

건배 !

コンベ

乾杯

◇ いただきます。

잘 먹겠습니다 .

チャル モッケッスニダ

いただきます

◇ とてもおいしいです。

정말 맛있게 먹었어요 .

チョンマル マシッケ モゴッソヨ

とても おいしいです

◇ 辛いけれどとてもおいしいです。

맵지만 아주 맛있어요 .

メプチマン アジュ マシッソヨ

辛いけれど とても おいしいです

◇ お酒は何が好きですか？

술은 뭘 좋아하세요 ?

スルン ムオル チョアハセヨ

お酒は 何が 好きですか

◇ 焼酎です。

소주요 .

ソジュヨ

焼酎です

◇ 辛い［甘い / にがい / しょっぱい / すっぱい］です。

너무 매워［달아 / 써 / 짜 / 셔］요 .

ノム　メウォ　［タラ / ソ / チャ / ショ］　ヨ

ずいぶん　辛い　［甘い / にがい / しょっぱい / すっぱい］　です。

◇ もう食べられません。

더 이상 못 먹겠어요 .

トゥ　イサン　モン　モッケッソヨ

もう　食べられません。

◇ おなかがいっぱいです。

너무 배불러요 .

ノム　ペブルロヨ

ずいぶん　おなかがいっぱいです

◇ しょっぱいです。

너무 짜요 .

ノム　チャヨ

ずいぶん　しょっぱいです

話してみましょう！

CD 44

A: ほかに何か注文はございますか？

더 주문하실 것은 없어요？

ト　チュムナシル　コッスン　オプソヨ

ほかに　何か注文は　ございますか

B: いいえ，結構です。

아뇨，됐어요．

アニョ　トゥエッソヨ

いいえ，　結構です

これを持ち帰ることはできますか？

이것을 가지고 가도 돼요？

イゴスル　カジゴ　カド　トゥエヨ

これを　持ち帰ることは　できますか

とてもおいしかったです。

정말 맛있게 먹었어요．

チョンマル マシッケ　モゴッソヨ

とても　おいしかったです

会計をしてください。

계산을 해 주세요．

ケサヌル　ヘ　チュセヨ

会計を　してください

◆ 金額を書いてください。

금액을 써 주세요 .

クメグル　ソ　チュセヨ

金額を　書いて　ください

◆ 計算がちがっています。

계산이 틀려요 .

ケサニ　トゥリョヨ

計算が　ちがっています

◆ 領収書をください。

영수증을 주세요 .

ヨンスジュンウル　チュセヨ

領収書を　ください

◆ クレジットカードで支払えますか？

신용 카드로 지불할 수 있어요 ?

シンヨン　カドゥロ　チブラル　ス　イッソヨ

クレジットカードで　支払えますか

◆ どこにサインをすればいいですか？

어디에 싸인을 하면 돼요 ?

オディエ　サイヌル　ハミョン　トゥエヨ

どこに　サインを　すれば　いいですか

話してみましょう！

CD 45

[ファストフード店で]

◇ キムチバーガーをください。

김치 햄버거 주세요 .

キムチ　ヘムボゴ　チュセヨ

キムチバーガーを　ください

◇ コーラの大をひとつください。

콜라 큰 거 하나 주세요 .

コルラ　クンゴ　ハナ　チュセヨ

コーラの　大を　ひとつ　ください

◇ ここで食べます。（店内で食べます）

여기서 먹어요 .

ヨギソ　モゴヨ

ここで　食べます

◇ 持ち帰ります。

포장해 주세요 . (가지고 갑니다 .)

ポジャンヘ　チュセヨ　カジゴ　ガムニダ

包装して　ください　持ち帰ります

◇ テイクアウトします。

싸 주세요 . (테이크아웃 .)

サ　チュセヨ　テイクアウッ

包んで ください　テイクアウトします

[屋台で]

◇ ここに座ってもいいですか？

여기 앉아도 돼요 ?

ヨギ　アンジャド　トゥエヨ

ここに　座っても　いいですか

◇ ビールはいくらですか？

맥주는 얼마에요 ?

メクチュヌン　オルマエヨ

ビールは　いくらですか

◇ 焼き鳥をください。

닭꼬치 주세요 .

タクコチ　チュセヨ

焼き鳥を　ください

◇ のり巻きを２つください。

김밥을 두 개 주세요 .

キムパブル　トゥ ゲ　チュセヨ

のり巻きを　２つ　ください

◇ 腸詰をください。

순대 주세요 .

スンデ　チュセヨ

腸詰　ください。

話してみましょう！

CD 46

◆ 焼酎 1本ください。

소주 한 병 주세요.

ソジュ　ハンビョン　チュセヨ

焼酎　1本　ください

◆ トッポギをください。

떡볶이 주세요.

トッポキ　チュセヨ

トッポギ　ください

◆ お口に合いますか？

입에 맞으세요？

イベ　マジュセヨ

お口に　合いますか

◆ はい、とてもおいしいよ。

네，참 맛있어요.

ネ　チャム　マシッソヨ

はい、　とても　おいしいよ

◆ のり巻きを包んでください。

김밥을 싸 주세요.

キムパブル　サ　チュセヨ

のり巻きを　包んで　ください

■食事の基本単語（調味料、材料…）

塩	소금	ソグム
からし	겨자	キョジャ
大根	무	ム
ほうれんそう	시금치	シグムチ
味噌	된장	テンジャン
牛肉	소고기	ソコギ
白菜	배추	ペチュ
梨	배	ペ
唐辛子味噌	고추장	コチュジャン
豚肉	돼지고기	テジコギ
にんにく	마늘	マヌル
すいか	수박	スバク
しょうゆ	간장	カンジャン
鶏肉	닭고기	タッコギ
ちしゃ	상추	サンチュ
りんご	사과	サグァ
砂糖	설탕	ソルタン
かき	굴	クル
にんじん	당근	タングン
みかん	귤	キュル
こしょう	후추	フチュ
えび	새우	セウ
大豆もやし	콩나물	コンナムル
いちご	딸기	タルギ
酢	식초	シクチョ
ねぎ	파	パ

観光・レジャー

観光案内所 관광안내소《クァングァンアンネソ》	案内書 안내서《アンネソ》	博物館 박물관《パンムㇽグァン》	出口 출구《チュㇽグ》
市内観光 시내관광《シネクァングァン》	カラオケボックス 노래방《ノレバン》	映画館 영화관《ヨンファグァン》	入口 입구《イㇷ゚ㇰ》
地図 지도《チド》	サウナ 사우나《サウナ》	俳優 배우《ペウ》	卓球 탁구《タック》
入場料 입장료《イㇷ゚チャンニョ》	撮影禁止 촬영금지《チャリョングㇺジ》	劇場 극장《クㇰチャン》	水泳 수영《スヨン》
チケット売り場 예매소《イェメソ》	写真 사진《サジン》	指定席 지정석《チジョンソㇰ》	バスケットボール 농구《ノング》
席 자리《チャリ》	記念写真 기념사진《キニョㇺサジン》	自由席 자유석《チャユソㇰ》	バレーボール 배구《ペグ》
史跡 사적《サジョㇰ》	美術館 미술관《ミスㇽグァン》	トイレ 화장실《ファジャンシㇽ》	韓国相撲 씨름《シルㇺ》

CD 47

[観光]

◆ 観光案内所はどこですか？

관광안내소는　어디에요？
クァングァンアンネソヌン　オディエヨ
観光案内所は　どこですか

◆ 市内観光をしたいです。

시내관광을　하고 싶어요.
シネクァングァンウル　ハゴ　シッポヨ
市内観光を　したいです

◆ 観光ツアーはありますか？

관광투어　있어요？
クァングァントゥオ　イッソヨ
観光ツアーは　ありますか

◆ 日本語の案内書はありますか？

일본어 안내서는 있어요？
イルボノ　アンネソヌン　イッソヨ
日本語の　案内書は　ありますか

◆ 市内地図をお願いします。

시내지도 부탁해요.
シネチド　プタッケヨ
市内地図を　お願いします

話してみましょう！

CD 48

◆ 美術館に行きたいです。

미술관에 가보고 싶어요 .

ミスルグァネ　カボゴ　シッポヨ

美術館に　行きたいです

◆ 昌徳宮を訪問したいです。

창덕궁을 방문하고 싶어요 .

チャンドックンウル　パンムナゴ　シッポヨ

昌徳宮を　訪問したいです

◆ 遊園地に行きましょうか？

유원지에 갈까요 ?

ユウォンジエ　カルカヨ

遊園地に　行きましょうか

◆ 天気がいいですね。

날씨가 좋네요 .

ナルシガ　チュンネヨ

天気が　いいですね

◆ このパンフレットをください

이 팜플렛 주세요 .

イ　パンプルレッ　チュセヨ

この　パンフレットを　ください

◇ 見どころを教えてください。

볼 만한 곳을 가르쳐 주세요 .

ポル マナン ゴスル カルチョ チュセヨ

見どころを 教えてください

◇ ちょっとお尋ねします。

말씀 좀 묻겠습니다 .

マルスム チョム ムッケッスムニダ

ちょっと お尋ねします

◇ ここはどこですか？

여기는 어디에요 ?

ヨギヌン オディエヨ

ここは どこですか

◇ ここからそこまで歩いて行けますか？

여기에서 저기까지 걸어갈 수 있어요 ?

ヨギエソ チョギカジ コロガル ス イッソヨ

ここから そこまで 歩いて行けますか

◇ そこへはバスで行けますか？

거기에는 버스로 갈 수 있어요 ?

ヨギエヌン ポスロ カル ス イッソヨ

そこへは バスで 行けますか

話してみましょう！

CD 49

◆ この博物館のパンフレットはありますか？

이 박물관 팸플렛 있어요 ?

イ　パンムㇽグァン　パンプㇽレッ　イッソヨ

この　博物館の　パンフレット　ありますか

◆ この建物の中に入ることはできますか？

이 건물안에 들어갈 수 있어요 ?

イ　コンムラネ　トゥロガㇽ　ス　イッソヨ

この　建物の中に　入ることは　できますか

◆ さわってもいいですか？

만져도 돼요 ?

マンジョド　トゥエヨ

さわっても　いいですか

◆ ここに座ってもいいですか？

여기에 앉아도 돼요 ?

ヨギエ　アンジャド　トゥエヨ

ここに　座っても　いいですか

◆ ここでタバコを吸ってもいいですか？

여기서 담배를 피워도 돼요 ?

ヨギソ　タムベルㇽ　ピウォド　トゥエヨ

ここで　タバコを　吸っても　いいですか

◇ 出口がどこか教えてください。

출구가 어딘지 가르쳐 주세요 .

チュルグガ　オディンジ　カルチョ　チュセヨ

出口が　どこか　教えて　ください

◇ いっしょに行きましょうか？

같이 갈까요 ?

カチ　カルカヨ

いっしょに　行きましょうか

◇ 駅に行く道を教えてください。

역에 가는 길을 가르쳐 주세요 .

ヨゲ　カヌン　キルル　カルチョ　チュセヨ

駅に　行く道を　教えて　ください

◇ この看板は何と読みますか？

이 간판은 뭐라고 읽어요 ?

イ　カンパヌン　ムォラゴ　イルゴヨ

この　看板は　何と　読みますか

◇ トイレはどこですか？

화장실 어디에요 ?

ファジャンシル　オディエヨ

トイレは　どこですか

話してみましょう！

CD 50

◇ 景色がいいですね。

경치가 좋군요 .

キョンチガ　チョックンニョ

景色　いいですね

◇ 写真を撮りたいです。

사진을 찍고 싶어요 .

サジヌル　チッゴ　シッポヨ

写真を　撮りたいです

◇ ここで写真を撮ってもいいですか？

여기서 사진을 찍어도 돼요 .

ヨギソ　サジヌル　チゴド　トゥエヨ

ここで　写真を　撮っても　いいですか

◇ フラッシュをたいてもいいですか？

플래시를 사용해도 돼요 ?

プルレシルル　サヨンヘド　トゥエヨ

フラッシュを　たいても　いいですか

◇ あなたの写真を撮ってもいいですか？

당신의 사진을 찍어도 돼요 ?

タンシネ　サジヌル　チゴド　トゥエヨ

あなたの　写真を　撮っても　いいですか

◇ はい、撮ってください。/いいえ、しないでください。

네 , 찍으세요 . / 아뇨 , 하지마세요 .

ネ　チグセヨ　アニョ　ハジマセヨ

はい、　撮ってください。　/ いいえ、　しないでください。

◇ 写真を撮ってください。

사진을 찍어 주세요 .

サジヌル　チゴ　チュセヨ

写真を　撮って　ください

◇ このボタンを押すだけです。

이 버튼만 누르면 돼요 .

イ　ボトゥンマンヌルミョン　トゥエヨ

この　ボタンを　押すだけで　いいです

◇ にっこりしてください。

웃으세요 .

ウスセヨ

にっこりしてください

◇ はい、キムチー。

네 , 김치 .

ネ　キムチ

はい、　キムチー

話してみましょう！

CD 51

【レジャー】

◇ サッカーの競技場はどこですか？

축구경기장은　어디에요？

チュックキョンギジャウン　オディエヨ

サッカーの競技場は　どこですか

◇ 地下鉄で行けますか？

지하철로 갈 수 있어요？

チハチョルロ　カル　ス　イッソヨ

地下鉄で　行けますか

◇ 早く行きましょうか？

빨리 갈까요？

パルリ　カルカヨ

早く　行きましょうか

◇ ここでチケットは買えますか？

여기서 티켓을 살 수 있어요？

ヨギソ　ティケスル　サル　ス　イッソヨ

ここで　チケットは　買えますか

◇ 当日券はありますか？

당일표 있어요？

タンイルピョ　イッソヨ

当日券は　ありますか

◇ 席を予約したいのですが。

자리를 예약하고 싶은데요 .

チャリルル　イエヤッカゴ　シップンデヨ

席を　予約したいのですが

◇ 指定席はありますか？

지정석 있어요 ?

チジョンソギ　イッソヨ

指定席は　ありますか

◇ 自由席はありますか？

자유석 있어요 ?

チャユソク　イッソヨ

自由席　ありますか

◇ 入場料はいくらですか？

입장료는 얼마에요 ?

イプチャンニョヌン　オルマエヨ

入場料は　いくらですか

◇ 大人２枚とこども１枚ください。

어른 두 장하고 어린이 한 장 주세요 .

オルン　トゥ ジャハゴ　オリイ　ハンジャン チュセヨ

大人　２枚　と　こども　１枚　ください

話してみましょう！

CD 52

◇ 韓国の映画が見たいです。

한국 영화가 보고 싶어요 .

ハングㇰ　ヨンファガ　ポゴ　シッポヨ

韓国の　映画が　見たいです

◇ どんな映画が好きですか？

어떤 영화를 좋아하세요 ?

オットン　ヨンファルㇽ　チョワハセヨ

どんな　映画が　好きですか

◇ 次は何時に始まりますか？

다음은 몇 시에 시작해요 ?

タウムン　ミョッ シエ　シージャッケヨ

次は　何時に　始まりますか

◇ トイレはどこですか？

화장실이 어디에요 ?

ファジャンシリ　オディエヨ

トイレは　どこですか

◇ この席はどこですか？

이 좌석 어디에요 ?

イ　ジャソㇰ　オディエヨ

この　席は　どこですか

【カラオケ】

◇ 歌、うまいんだね。

노래 잘 부르네 .

ノレ　チャル　プルネ

歌、　うまいんだね

◇ この近くにカラオケボックスがありますか？

이 근처에 노래방 있어요 ?

イ　クンチョエ　ノレバン　イッソヨ

この　近くに　カラオケボックスが　ありますか

◇ ぼくも歌うね。

나도 부를게 .

ナド　プルルケ

ぼくも　歌うね

◇ デュエットしてくれる？

듀엣으로 불러 볼래 ?

テュエスロ　プルロ　ボルレ

デュエット　してくれる

◇ いいわよ。

좋아 .

チョア

いいわよ

両替で

CD 53

◇ 両替所はどこですか？

환전소는 어디에요？

ファンジョンソヌン オディエヨ

両替所は どこですか

◇ 替えてください。（日本円を差し出しながら）

바꿔 주세요．

パックォ チュセヨ

替えて ください

◇ 5万円お願いします。

오만 엔 부탁해요．

オマ ネン プタッケヨ

5万円 お願いします

◇ 今日の交換レートはいくらですか？

오늘의 환율은 얼마에요？

オヌレ ファンニュルン オルマエヨ

今日の 交換レートは いくらですか

◇ 日本円を両替してください。

일본 엔을 바꿔 주세요．

イルボン エヌル パックォ チュセヨ

日本円を 両替して ください

◇ ウォンに替えてください。

원으로 바꿔 주세요 .

ウォヌロ　パックォ　チュセヨ

ウォンに　替えて　ください

◇ トラベラーズチェックを現金に換えたいのですが。

여행자 수표를 현금으로 바꾸고 싶어요 .

ヨヘンジャ　スッピョルル　ヒョングムロ　パクゴ　シッポヨ

トラベラーズチェックを　現金に　換えたいのですが

◇ パスポートを見せてください。

여권 보여 주세요 .

ヨクォン　ポヨ　チュセヨ

パスポートを　見せて　ください

◇ 小銭もまぜてください。

잔돈도 섞어 주세요 .

チャンドンド　ソッコ　チュセヨ

小銭も　まぜて　ください

◇ コインもまぜてください。

동전도 섞어 주세요 .

トンジョンド　ソッコ　チュセヨ

コインも　まぜて　ください

郵便局で

CD 54

◇ 郵便局はどこですか？

우체국은 어디에요？

ウチェググン　オディエヨ

郵便局は　どこですか

◇ 速達でお願いします。

속달로 부탁해요 .

ソクタルロ　プタッケヨ

速達で　お願いします

◇ 切手を 5 枚ください。

우표 다섯 장 주세요 .

ウッピョ　タソッ　チャン　チュセヨ

切手を　5 枚　ください

◇ 記念切手をください。

기념우표 주세요 .

キニョムピョ　チュセヨ

記念切手　ください

◇ この小包を日本へ送りたいのですが。

이 소포를 일본에 보내고 싶어요 .

イ　ソッポルル　イルボネ　ポネゴ　シッポヨ

この　小包を　日本へ　送りたいのですが

◆ 航空便［船便］でお願いします。

항공편 [선편] 으로 부탁해요 .

ハンゴンピョヌロ［ソンピョン］ ウロ プタッケヨ

航空便 ［船便］で お願いします

◆ 日本まではいくらですか？

일본까지 얼마에요 ?

イルボンカジ オルマエヨ

日本までは いくらですか

◆ 中身は何ですか？

내용물이 뭐에요 ?

ネヨンムリ ムォエヨ

中身は 何ですか

◆ 壊れやすい物があります。

깨지기 쉬운 물건이 있어요 .

ケジギ シウン ムルゴニ イッソヨ

壊れやすい物が あります

◆ どのくらいで着きますか？

어느 정도 걸려요 ?

オヌ チョンド コルリョヨ

どのくらいで 着きますか

電話

CD 55

◇ テレフォンカードはどこで売っていますか？

전화카드는 어디에서 팝니까？

チョナカドゥヌン　オディエソ　パㇺニカ

テレフォンカードは　どこで　売っていますか

◇ 公衆電話はどこにありますか？

공중전화는 어디에 있어요？

コンジュンジョナヌン　オディエ　イッソヨ

公衆電話は　どこに　ありますか

◇ 1万ウォンを両替してもらえますか？

만원 바꿔 주실래요？

マンウォン　パックォ　ジュシㇽレヨ

1万ウォンを　両替して　もらえますか

◇ 電話をお借りしてもいいですか？

전화를 빌려 주시겠어요？

チョナルㇽ　ピㇽリョ　チュシケッソヨ

電話を　お借りしても　いいですか

◇ もしもし。

여보세요？

ヨボセヨ

もしもし

◆ どちらさまですか？

누구세요？

ヌグセヨ

どちらさまですか

◆ 日本から来た［佐藤］と申します。

일본에서 온 [사토우] 라고 합니다.

イルボネソ　オン［サトウ］　ラゴ　ハムニダ

日本から来た　［佐藤］と申します

◆ 李玉淑さんをお願いします。

이옥숙 씨를 부탁합니다.

イオクスク　シルル　プタッハムニダ

李玉淑さんを　お願いします

◆ またかけ直します。

또 다시 걸겠어요.

ト　タシ　コルゲッソヨ

また　かけ直します

話してみましょう！

CD 56

◇ この電話で国際電話がかけられますか？

이 전화로 국제전화를 걸 수 있어요?

イ　チョナロ　クッゼチョナルル　コル　ス　イッソヨ

この　電話で　国際電話が　かけられますか？

◇ 日本にコレクトコールでかけたいのですが。

일본으로 콜렉트콜을 걸고 싶어요.

イルボヌロ　コルレクトゥコルル　コルゴ　シッポヨ

日本に　コレクトコールで　かけたいのですが

◇ 日本に指名通話で電話をかけたいのですが。

일본에 지명통화로 전화를 걸고 싶어요.

イルボネ　チミョントンファロ　チョナルル　コルゴ　シッポヨ

日本に　指名通話で　電話　かけたいのですが

◇ 電話番号をお願いします。

전화번호 부탁해요.

チョナボノ　プタッケヨ

電話番号を　お願いします

「両替、郵便局、電話」でよく使われる単語

窓口 창구 チャングﾞ	電話カード 전화카드 チョナカドゥ	市外通話 시외통화 シウェトンファ	速達 속달 ソㇰタㇽ
両替 환전 ファンジョ	携帯電話 핸드폰 ヘンドゥポン	郵便局 우체국 ウチェグㇰ	船便 선편 ソンピョン
銀行 은행 ウネン	公衆電話 공중전화 コンジュンジョナ	切手 우표 ウピョ	航空便 항공편 ハンゴンピョン
両替所 환전소 ファンジョンソ	国際電話 국제전화 クㇰチェジョナ	記念切手 기념우표 キニョムピョ	書留 등기 トゥンギ
為替レート 환율 ファンニュㇽ	伝言 전언 チョノン	はがき 엽서 ヨㇷ゚ソ	郵便番号 우편번호 ウピョンボノ
小銭 잔돈 チャンドン	連絡 연락 ヨㇽラㇰ	絵はがき 그림엽서 クリㇺニョㇷ゚ソ	日本円 일본엔 イㇽボンエン
現金 현금 ヒョングㇺ	市内通話 시내통화 シネトンファ	小包 소포 ソポ	

症状・病気

救急車 구급차 クグㇷ゚チャ	手術 수술 ススル	下痢止め 설사약 ソルサヤク	下痢 설사 ソルサ
内科 내과 ネクァ	注射 주사 チュサ	抗生物質 항생제 ハンセンジェ	打撲 타박상 タバクサン
外科 외과 ウェクァ	目薬 안약 アニャク	アレルギー 알레르기 アㇽレルギ	骨折 골절 コルチョル
歯科 치과 チクァ	漢方薬 한약 ハニャク	鼻カゼ 코감기 コカㇺギ	生理 생리 センニ
眼科 안과 アンクァ	かぜ薬 감기약 カㇺギヤク	頭痛 두통 トゥトン	高血圧 고혈압 コヒョラㇷ゚
婦人科 산부인과 サンプインクァ	鎮痛剤 진통제 チントンジェ	腹痛 복통 ポㇰトン	低血圧 저혈압 チョヒョラㇷ゚
小児科 소아과 ソアクァ	胃腸薬 위장약 ウィジャンニャク	食あたり 식중독 シクチュンドㇰ	貧血 빈혈 ピニョル

◇ 薬局に行きたいのですが。

약국에 가고 싶은데요.

ヤックゲ　カゴ　シップンデヨ

薬局に　行きたいのですが

◇ 目薬をください。

안약을 주세요.

アンヤグル　チュセヨ

目薬を　ください

◇ ばんそうこうをください。

반창고 주세요.

パンチャンゴ　チュセヨ

ばんそうこうを　ください

◇ 風邪薬をください。

감기약을 주세요.

カムギヤグル　チュセヨ

風邪薬を　ください

◇ この薬は副作用がありますか？

이 약은 부작용이 있어요?

イ　ヤグン　プジャギョンイ　イッソヨ

この　薬は　副作用が　ありますか

話してみましょう！

CD 58

◇ 救急車を呼んでください。

구급차를 불러 주세요 .

クグプチャルル　プルロ　チュセヨ

救急車を　呼んで　ください

◇ お医者さんに診てもらいたいのですが。

의사에게 진찰을 받아 보고 싶은데요 .

ウィサエゲ　チンチャルル　パダ　ボゴ　シップンデヨ

お医者さんに　診て　もらいたいのですが

◇ 私はアレルギーがあります。

저는 알레르기가 있어요 .

チョヌン　アルレルギガ　イッソヨ

私は　アレルギーが　あります

◇ どこが痛いですか？（どんな具合ですか？）

어디가 아프세요？

オディガ　アプセヨ

どこが　痛いですか

◇ おなか［のど / 頭 / 歯］が痛いです。

배가 [목이 / 머리가 / 이가] 아파요 .

ペガ　[モギ　モリガ　イガ]　アパヨ

おなか　[のど　/ 頭　/ 歯] が　痛いです

◇ カゼをひいています。

감기 걸렸어요 .

カムギ　コルリョッソヨ

カゼを　ひいています

◇ 熱があります。

열이 있어요 .

ヨリ　イッソヨ

熱が　あります

◇ せきが出ます。

기침을 합니다 .

キチムル　ハムニダ

せきが　出ます

◇ 下痢をしています。

설사가 나요 .

ソルサガ　ナヨ

下痢を　しています

◇ 診断書がほしいのですが。

진단서를 받고 싶은데요 .

チンダンソルル　パッコ　シップンデヨ

診断書が　ほしいのですが

トラブル

CD 59

◇ 助けてください。

도와 주세요 .

トワ　チュセヨ

助けて　ください

◇ 道に迷いました。

길을 잃었어요 .

キルル　イロッソヨ

道に　迷いました

◇ パスポート［財布 / かばん］をなくしてしまいました。

여권［지갑 / 가방］을 잃어 버렸어요 .

ヨクォン［チガプ / カバン］ウル イロ ポリョッソヨ

パスポート［財布 / かばん］を なくして しまいました

◇ 財布が盗まれました。

지갑을 도난당했어요 .

チガブル　トナン　ダンヘッソヨ

財布　盗まれ　ました

◇ 盗難届けを出したいです。

도난 신고를 하고 싶어요 .

トナン　シンゴルル　ハゴ　シッポヨ

盗難届けを　出したいです

日本語のできる人はいますか？

일본어 아는 사람 있어요？

イルボノ　アヌン　サラム　イッソヨ

日本語の　できる人は　いますか

警察を呼んでください。

경찰을 불러 주세요.

キョンチャルル　プルロ　チュセヨ

警察を　呼んで　ください

スリだ！

소매치기다！

ソメチギダ

スリだ

泥棒だ！

도둑이야！

トドゥギヤ

泥棒だ

日本大使館に電話をしてください。

일본대사관에 전화해 주세요.

イルボンデサグァネ　チョナヘ　チュセヨ

日本大使館に　電話をして　ください

入国審査・税関検査

CD 60

「入国審査や税関検査において韓国語で聞かれたり、答える必要のある場面はほとんどありません。日本の国際空港でも外国人に対して日本語を使わないのと同じです。分からないときは日本語または英語で話しましょう。韓国語で話してみたい人のために参考までに紹介しておきましょう。」

[入国審査]

◇ A: パスポートを見せてください。

패스포트를 보여 주세요 .

ペスポトゥルル　ポヨ　チュセヨ

パスポートを　見せて　ください

B: はい，これです。

네 , 여기 있어요 .

ネ　ヨギ　イッソヨ

はい，　これです

◇ A: 旅行の目的は何ですか？

여행목적이 무엇입니까 ?

ヨヘンモクチョギ　ムオシムニカ

旅行の目的は　何ですか

B: 観光です。/ 商用です。

관광입니다 .　/　상용입니다 .

クァングァンイムニダ　サンヨンイムニダ

観光です　/　商用です

[税関検査]

◆ A: 申告するものはありますか？

신고할 물건이 있어요 ?

シンゴハル　ムルゴニ　イッソヨ

申告するものは　ありますか

B: いいえ，何もありません。

아니오 , 아무것도 없어요 .

アニオ　アムゴット　オプソヨ

いいえ，　何も　ありません

◆ A: カバンを開けてください。

가방을 열어 주세요 .

カバンウル　ヨロ　チュセヨ

カバンを　開けて　ください

◆ A: はい、けっこうです。

네 , 됐어요 .

ネ　テッソヨ

はい、　けっこうです

◆ A: 進んでけっこうです。

가셔도 좋습니다 .

カショド　チョッスムニダ

進んで　けっこうです

◆あなたの星座を韓国語で覚える

◇ 牡羊座（3月21日～4月20日）

양자리 （ヤンジャリ）

◇ 牡牛座（4月21日～5月21日）

황소자리 （ファンソジャリ）

◇ 双子座（5月22日～6月21日）

쌍둥이자리 （サンドゥンイジャリ）

◇ 蟹座（6月22日～7月22日）

게자리 （ケジャリ）

◇ 獅子座（7月23日～8月22日）

사자자리 （サジャジャリ）

◇ 乙女座（8月23日～9月23日）

처녀자리 （チョニョジャリ）

◇ 天秤座（9月24日～10月23日）

천칭자리 （チョンチンジャリ）

◇ 蠍座（10月24日～11月22日）

전갈자리 （ジョンカルジャリ）

◇ 射手座（11月23日～12月21日）

사수자리 （サスジャリ）

◇ 山羊座（12月22日～1月20日）

염소자리 （ヨムソジャリ）

◇ 水瓶座（1月21日～2月18日）

물병자리 （ムルビョンジャリ）

◇ 魚座（2月19日～3月20日）

물고기자리 （ムルコギジャリ）

PART 5

覚えておきたい基本の単語

数字の表現（漢字語）

CD 61

1	일	イル
2	이	イ
3	삼	サム
4	사	サ
5	오	オ
6	육	ユク
7	칠	チル
8	팔	パル
9	구	ク
10	십	シプ
11	십일	シビル
12	십이	シビ
13	십삼	シプサム
14	십사	シプサ
15	십오	シボ

16
십육
シムニュク

17
십칠
シプチル

18
십팔
シプパル

19
십구
シプク

20
이십
イシプ

百
백
ペク

千
천
チョン

万
만
マン

億
억
オク

兆
조
チョ

季節

CD 62

春
봄
ポム

夏
여름
ヨルム

秋
가을
カウル

冬
겨울
キョウル

数字の表現［固有語］

日本語の「ひとつ、ふたつ、みっつ」に当たるのが固有数字。

CD 63

一つ	**六つ**	**20**
하나	여섯	스물
ハナ	ヨソッ	スムル
二つ	**七つ**	**30**
둘	일곱	서른
トゥル	イルゴプ	ソルン
三つ	**八つ**	**40**
셋	여덟	마흔
セッ	ヨドル	マフン
四つ	**九つ**	**50**
넷	아홉	쉰
ネ	アホプ	シュイン
五つ	**十**	**60**
다섯	열	예순
タソッ	ヨル	イェスン

曜日

CD 64

70
일흔
イルン

80
여든
ヨドゥン

90
아흔
アフン

99
아흔아홉
アフンナホプ

日曜日
일요일
イリョイル

月曜日
월요일
ウォリョイル

火曜日
화요일
ファヨイル

水曜日
수요일
スヨイル

木曜日
목요일
モギョイル

金曜日
금요일
クミョイル

土曜日
토요일
トヨイル

午前
오전
オジョン

午後
오후
オフ

日・週

CD 65

1日
일일
イリル

2日
이일
イイル

3日
삼일
サミル

4日
사일
サイル

5日
오일
オイル

6日
육일
ユギル

7日
칠일
チリル

8日
팔일
パリル

9日
구일
クイル

10日
십일
シビル

週末
주말
チュマル

先週
지난주
チナンジュ

今週
이번주
イボンジュ

毎週
매주
メジュ

次の
다음
タウム

時間

CD 66

1時	6時	11時
한 시	여섯 시	열한 시
ハンシ	ヨソッシ	ヨランシ
2時	7時	12時
두 시	일곱 시	열두 시
トゥシ	イルゴプシ	ヨルトゥシ
3時	8時	10分
세 시	여덟 시	십 분
セシ	ヨドルシ	シップン
4時	9時	20分
네 시	아홉 시	이십 분
ネシ	アホプシ	イシップン
5時	10時	30分
다섯 시	열 시	삼십 분
タソッシ	ヨルシ	サムシップン

月・季節

CD 67

1月

일월

イルォル

2月

이월

イウォル

3月

삼월

サムォル

4月

사월

サウォル

5月

오월

オウォル

6月

유월

ユウォル

7月

칠월

チルォル

8月

팔월

パルォル

9月

구월

クウォル

10月

시월

シウォル

11月

십일월

シビイルォル

12月

십이월

シビイウォル

先月

지난달

チナンダル

今月

이번달

イボンタル

来月

다음달

タウムタル

身体の名称

CD 68

頭
머리《モリ》

髪の毛
머리카락《モリカラ》

目
눈《ヌン》

鼻
코《コ》

ひたい
이마《イマ》

耳
귀《クィ》

口
입《イプ》

歯
이《イ》

のど
목구멍《モ クテモン》

首
목《モク》

手
손《ソン》

指
손가락《ソンカラク》

爪
손톱《ソントプ》

腕
팔《パル》

肩
어깨《オッケ》

背中
등《トゥン》

腹
배《ペ》

腰
허리《ホリ》

脚
다리《タリ》

足
발《パル》

家族

CD 69

お父さん 아버지 アボジ	お姉さん （妹の立場で） 언니 オンニ	夫 남편 ナムピョン
お母さん 어머니 オモニ	弟 남동생 ナムドンセン	妻 아내 アネ
お兄さん （弟の立場で） 형 ヒョン	妹 여동생 ヨドンセン	息子 아들 アドゥル
お兄さん （妹の立場で） 오빠 オッパ	おじいちゃん 할아버지 ハラボジ	娘 딸 タル
お姉さん （弟の立場で） 누나 ヌナ	おばあちゃん 할머니 ハルモニ	親 부모 プモ

色

CD 70

白色

흰색
フィンセク

黒色

검은색 /
コムンセク
검정색
コムジョンセク

赤色

빨간색 /
パルガンセク
붉은색
プルグンセク

オレンジ色

오렌지색 /
オレンジセク
주황색
チュファンセク

ベージュ色

베이지색
ベイジセク

青色

파랑색 /
パランセク
푸른색
プルンセク

緑色

초록색 /
チョロクセク
녹색
ノクセク

茶色

갈색
カルセク

ピンク色

핑크색 /
ピンクセク
분홍색
プノンセク

紫色

보라색
ポラセク

黄色

노란색
ノランセク

金色

금색
クムセク

銀色

은색
ウンセク

無色

무색
ムセク

CD付

今日から話せる韓国語

2012年 5月20日　第1刷発行

編　者 ――――――MEMOランダム

発行者 ――――――前田俊秀

発行所 ――――――株式会社三修社

〒150-0001　東京都渋谷区神宮前2-2-22
TEL 03-3405-4511　FAX 03-3405-4522
振替 00190-9-72758
http://www.sanshusha.co.jp/
編集担当　斎藤俊樹

印刷製本 ――――萩原印刷株式会社

ISBN978-4-384-04502-4 C0087

編集協力　　　　藤田眞一　P.WORD
カバーデザイン　やぶはなあきお

本書は『今日から話せる10パターン韓国語』（2006年刊行）を改題・新装したものである。

三修社

CD付　ゼロから始める韓国語

早川嘉春 著

A5判　168頁

ハングル文字から始まって、新聞の論説まで読めるようになることを目指した韓国語入門書。（1部）文字と発音、文章の成り立ち（2部）話す、聴く、読む、書くという実技的な4技能を、文法説明、練習問題を通して習得（3部）新聞の社説を読みながら、短い会話とともに内容把握。

CD付　ゼロから話せる韓国語

塩田今日子 著

A5判　160頁

コミュニケーション重視型の入門書。最重要表現がひとめでわかる「覚えるフレーズ」で学習をスタート。場面別ミニ会話から成る「ダイアローグで学んでみよう」で基礎と表現力を身につけます。発音の変化や文法は別に整理してあります。ヴィジュアル単語・事項/単語索引付。

CD付　バッチリ話せる韓国語

浜之上幸 監修

A5判　192頁

韓国語の「入門」も「やり直し」もまずはこの本から始めよう！　基礎文法を踏まえ「覚えたい表現」と「使ってみたい表現」を効率的にムダなく「ゼロから」やり直しができるように、わかりやすく解説しています。

CD2枚付　口が覚える韓国語 スピーキング体得トレーニング

李美江 著

A5判　136頁

なかなか口から韓国語が出てこない方に付属CDというあなた専属の先生が、約2時間半、作文問題を出し続けます。実用的な600例文を収録。

つたえる韓国語　入門編／基礎編／応用編 ――読む・聞く・話すハングル

増田忠幸 著

A5判　256頁／184頁／192頁

NHKのラジオハングル講座・入門編で放送された「つたえるハングル」(2004年4月～9月)を再構成し、あらたな内容を加えてまとめたものです。